Tipik junior

Le chant sacré des baleines

Éric Simard

Illustration de couverture :
Amélie Jackowski

Magnard Jeunesse

À Annie, Louise, André et Valérie

chapitre 1

Les vagues venaient mourir à quelques mètres de son corps. Les insectes commençaient à s'attaquer à sa chair, tourbillonnant comme des vautours assoiffés de sang. À la base de sa queue, j'avais remarqué une profonde entaille.

« Elle a dû heurter des récifs avant de s'échouer », avait dit papa.

Les mouettes et les goélands se disputaient les premières places pour assister au macabre spectacle. Maman avait contourné la baleine et estimé son âge.

« Elle est jeune… entre quatre et cinq ans. »

Elle s'était penchée au-dessus de sa tête et avait murmuré :

« Pourquoi as-tu quitté les tiens, petite baleine ? »

Puis elle s'était écartée du mammifère, résignée à son silence.

« Ça y est ! s'était exclamé papa. Les bulldozers arrivent. On va pouvoir essayer de la remettre à l'eau. Le tout est qu'elle tienne jusque-là. »

Il avait posé la main sur son corps pour l'encourager :

« Tu ne vas pas nous lâcher, hein ? »

Voilà des années que maman et lui tentaient de percer le mystère des échouages de cétacés. Les chances de réussite pour remettre un mammifère marin à l'eau sont infimes. Tout dépend de son état de santé, de la rapidité d'arrivée des engins, du désir de la baleine de retrouver l'océan… Car, quoi qu'en disent mes parents, je trouve qu'il y a comme un parfum de suicide dans ces comportements-là.

Tandis que les bulldozers s'activaient pour creuser un chenal, je m'étais approchée et avais plongé mon regard dans celui de la baleine.

« Que fais-tu, Anouk ? avait demandé ma mère.

— Je lui dis qu'elle ne doit pas avoir peur… que je suis près d'elle. »

Maman n'avait pas caché sa surprise, mais elle m'avait laissée faire. Le chenal avait permis au cétacé de reprendre contact avec la mer, comme un cordon ombilical le rattachant à la vie. Le baleineau s'était peu à peu réhydraté. Les poussées progressives des engins l'avaient amené à une immersion presque totale mais… le miracle n'avait pas eu lieu. Il s'était laissé mourir sous mes yeux. Un amas de graisse et de chair de plusieurs tonnes s'offrait en pâture aux goélands affamés. Comment était-ce possible ? Comment une créature de cette force et de cette intelligence pouvait-elle décider, un jour, de se laisser mourir ? Les larmes dessinaient sur mes joues de longs barreaux humides. Je trouvais la vie dure, si dure que j'avais envie de hurler ma révolte contre tout ce qui m'entourait.

La plage était immense, offerte à ma tristesse comme les pages blanches de mon journal intime les soirs de déprime.

« Anouk ? avait crié maman. Où vas-tu ?

— Laisse-la, Violaine. C'est sa première baleine échouée. Elle y a mis tout son cœur… »

J'avais longé les vagues mourantes. Je pensais à tous ces rivages, à tous ces horizons que la baleine avait contemplés. Combien de kilomètres avait-elle parcourus ? Où étaient ceux avec qui elle avait voyagé ? L'attendaient-ils encore quelque part dans l'Atlantique ? Savaient-ils qu'elle était venue s'échouer parmi les hommes ? Je fermais les yeux et respirais l'air du large, une boule de tristesse au fond de la gorge.

« C'est cruel », avait soudain murmuré une voix dans mon dos.

Je m'étais retournée et avais découvert un garçon légèrement plus grand que moi, les cheveux noirs bouclés et le teint bronzé.

« Je viens d'arriver… On a entendu à la radio qu'une baleine s'était échouée. Je m'appelle Yannis… Yannis Aradès. »

Son regard était clair et pénétrant.

« Nous passons quelques jours de vacances ici, au Canada », avait-il déclaré en désignant ses parents en grande conversation avec les miens.

Il avait ajouté :

« Nous sommes grecs. »

Sans insister davantage, il s'était retourné et était revenu sur ses pas. Je l'avais regardé s'éloigner en direction du corps inerte de la baleine, le blouson gonflé par le vent. Cette rencontre avait un goût irréel.

C'est à cet instant précis que, pour la première fois, des sons m'étaient parvenus. Il s'agissait d'une mélodie lancinante ressemblant à un chant, un chant de douleur surgi de la mer…

chapitre 2

La rencontre avec Yannis et ses parents s'était conclue par une invitation à boire un thé à la maison. Nous avions laissé la baleine aux mains des éboueurs des plages pour rejoindre notre habitation, située à une trentaine de kilomètres d'Halifax, sur la côte Atlantique. Les sons étranges perçus sur la plage s'étaient évanouis au bout de quelques secondes. La surprise passée, je n'avais pas jugé bon d'en parler à mes parents, persuadée qu'il s'agissait d'une simple hallucination auditive.

Les invités s'étaient mis à leur aise dans le petit salon. Tandis que maman préparait le thé, papa avait sorti une carte du Canada pour désigner les principaux sites touristiques de notre province, la Nouvelle-Écosse, en insistant sur la beauté de l'île du Cap-Breton, située au nord de la péninsule.

« Depuis quand étudiez-vous les cétacés ? avait demandé monsieur Aradès.

— Depuis quinze ans, avait répondu papa. Violaine et moi, nous nous sommes rencontrés au Centre de recherches sur les mammifères marins d'Halifax. »

Yannis était assis juste en face de moi. Il m'observait sans un mot, mais son silence en disait plus long que tous les discours…

Intimidée, je faisais semblant de ne pas attacher d'importance à sa présence. Je n'avais, hélas, pas beaucoup d'expérience dans l'art de cacher mes émotions. Je sentais mes joues rougir sous l'insistance de son regard. Par chance, il avait dû tourner la tête pour répondre à ma mère qui lui proposait du thé. J'en avais profité pour le dévisager à mon tour. De son visage émanait un curieux mélange de grâce et de malice. Ses lèvres étaient sensuelles et ses yeux habités de mille feux pétillants. Il s'était tourné brusquement vers moi et m'avait fixée. J'avais rebaissé aussitôt la tête…

« John ! Propose des gâteaux aux invités, s'était exclamée maman. Ils vont mourir de faim ! »

Mon père avait tendu une assiette de biscuits.

« Madame Aradès, servez-vous !

— Vous pouvez nous appeler par nos prénoms, avait proposé le père de Yannis. Le mien est Nikos, celui de ma femme, Irini. »

Il avait choisi un brownie et avait ajouté :

« Vous travaillez depuis longtemps sur les échouages de cétacés ?

— Depuis deux ou trois ans », avait précisé papa.

Monsieur Aradès arborait une chevelure blanche, resplendissante. Les rides qui couraient autour de ses yeux accentuaient son air coquin. Ses larges oreilles m'avaient impressionnée. Les personnes qui en possèdent ont un je-ne-sais-quoi d'attendrissant, comme si toute leur vie tendait vers un impérieux besoin d'être à l'écoute des autres. Son épouse était une femme très élégante, aux cheveux longs et noirs. Son visage était grave, ses mains fines et belles.

« Vous avez bien quelques hypothèses personnelles sur les causes des échouages ? avait demandé le père de Yannis en reposant sa tasse.

— Certaines personnes parlent encore de suicides, avait expliqué maman, mais nos observations montrent qu'il s'agit plutôt d'un phénomène lié aux perturbations magnétiques terrestres. Comme nous vous l'avons dit sur la plage, il faudra encore de nombreuses années pour comprendre ce phénomène... Et vous, monsieur Aradès, euh... je veux dire... Nikos, parlez-nous un peu plus de vos expériences avec les dauphins.

— Contrairement à vous, je ne suis pas un scientifique. Je suis tombé amoureux de ces mammifères dès mon plus jeune âge et depuis... je ne les quitte plus. Sur l'île où nous habitons, je propose aux touristes de les approcher.

— Est-ce qu'ils se laissent toucher ? avait demandé papa.

— Certains, oui. Mon fils peut en témoigner. Il m'accompagne souvent dans mes plongées. »

Les regards s'étaient portés sur Yannis, qui, à force de me fixer, s'était coupé de la conversation. Devant son air surpris, personne n'avait cru bon d'insister.

J'avais osé un petit sourire malicieux auquel il avait répondu.

« Vous plongez avec votre mari ? avait demandé papa en se tournant vers madame Aradès.

— Parfois... mais je n'ai pas beaucoup de temps. J'écris actuellement un livre sur les légendes liées aux mammifères marins.

— Très intéressant, avait déclaré maman. Elles doivent être nombreuses.

— Je m'intéresse surtout à celles qui évoquent les métamorphoses d'êtres humains en cétacés. En Méditerranée, la plus connue de ces légendes concerne des pirates grecs. Connaissez-vous cette histoire ?

— Si je me souviens bien, avait répondu papa, des pirates jetés à la mer par le dieu Dionysos se seraient transformés en dauphins.

— Exactement ! » avait répondu la mère de Yannis.

Elle avait continué, en baissant légèrement la voix :

« Les transformations d'hommes en cétacés que l'on retrouve dans les mythes et les légendes traduisent à leur manière l'étroite complicité entre les deux espèces.

— On peut dire la même chose de toutes les métamorphoses d'hommes en animaux, avait rétorqué maman.

— Effectivement. Mais dans le cas des cétacés, ces transformations ont souvent un caractère sacré ou initiatique, comme si les dauphins ou les baleines avaient une connaissance à nous faire partager.

— Je ne vous suis pas », avait avoué maman, plutôt perplexe.

La mère de Yannis s'était redressée sur son siège pour donner sans doute plus de poids à ses arguments. Puis elle avait déclaré :

« Prenons l'exemple du dieu Apollon... Selon des textes anciens, il aurait abordé la côte grecque sous forme de dauphin et aurait lui-même désigné le site de Delphes comme lieu de son sanctuaire.

— Nous l'avons visité il y a deux ans, quand nous sommes allés en Grèce, s'était exclamé papa. C'est un lieu vraiment stupéfiant ! Tu te souviens, Anouk ? »

Si je m'en souvenais ?... Et comment ! Nous

avions visité des ruines pendant deux semaines ! Des temples par-ci, des théâtres par-là... La corvée totale ! Quelle idée d'infliger à une fille de onze ans la visite quotidienne de vieilles pierres ! Tout ce qu'avaient gagné mes parents avait été de me dégoûter à jamais de ce qui touchait de près ou de loin à l'Antiquité. En contemplant le beau visage de Yannis, cet après-midi-là, j'avais toutefois dû reconnaître qu'une réconciliation avec la Grèce était possible...

« Savez-vous quelle est l'origine du nom de Delphes ? » avait poursuivi madame Aradès.

Papa avait froncé les sourcils, preuve d'une intense réflexion, puis avait lancé :

« Ce mot vient du grec delphis, qui signifie... dauphin.

— Parfaitement ! Les Grecs de l'Antiquité ont donné le nom de dauphin à leur sanctuaire le plus important. Delphes était le nombril de leur monde. Les hommes les plus puissants y accouraient pour venir écouter les fameux oracles.

— Où voulez-vous en venir ? » avait réagi maman.

Madame Aradès semblait touchée par l'intérêt que mes parents portaient à ses recherches.

J'étais moi-même si captivée que j'en délaissais un moment Yannis.

« Vous allez sûrement me prendre pour une folle, avait-elle continué, mais j'ai la conviction qu'à une époque très reculée, les hommes étaient initiés par les cétacés. »

Mes parents avaient failli s'étrangler.

« Vous voulez rire, avait protesté maman. Nous aimons les baleines, mais de là à dire qu'elles ont initié l'espèce humaine…

— N'oubliez pas que ces mammifères se sont développés sur Terre cinquante millions d'années avant les humains ! Certains d'entre eux ont un cerveau de près de neuf kilos ! Et vous êtes bien placée pour savoir qu'aujourd'hui, on ignore pratiquement tout de leur intelligence.

— Toutes ces hypothèses sont séduisantes, avait reconnu ma mère, mais permettez-moi de vous dire que je les trouve plutôt fantaisistes. »

Un silence de plomb s'était tout d'un coup abattu dans la pièce. Maman n'était pas femme à mâcher ses mots. Monsieur Aradès, visiblement gêné, serrait nerveusement sa tasse. Son épouse restait calme, les yeux fixés sur la carte du Canada que mon père avait laissée sur la table. Devant la gravité de la situation, Yannis et moi échangions quelques regards fatalistes.

« Combien de temps allez-vous rester à Halifax ? avait soudain demandé papa pour détendre l'atmosphère.

— Nous avons loué un appartement pour une dizaine de jours, avait aussitôt répondu monsieur Aradès. Nous partirons ensuite pour le Groenland.

— Le Groenland ? Drôle de lieu pour passer des vacances !

— Nous y allons pour les besoins de mon livre », avait précisé sa femme.

Le père de Yannis avait saisi la carte et posé son index sur la Nouvelle-Écosse.

« Pour ne rien vous cacher, nous avons fait une étape dans votre province pour tenter de nager avec les baleines. Nous allons contacter les responsables d'une agence dès demain.

— Inutile ! avait lancé papa. Ils vous conduiront jusqu'à elles mais ne vous laisseront jamais vous mettre à l'eau. En revanche, le Centre de recherches où nous travaillons possède un bateau. Nous l'utilisons pour nos observations en mer. Si vous le souhaitez, nous vous conduirons au large à certains endroits que nous connaissons et vous pourrez essayer de nager auprès des cétacés. »

Nos invités ne s'attendaient pas à une telle proposition.

« Vous êtes très aimables, avait répondu monsieur Aradès. Mais nous ne voudrions pas abuser de votre hospitalité. »

Papa avait insisté :

« Pas du tout ! Violaine et moi ne nous sommes jamais baignés avec les baleines. Dans notre travail, nous les observons à distance. Cette sortie pourrait en être l'occasion.

— J'ai de nombreuses corrections à faire sur mon manuscrit, avait déclaré madame Aradès. Mais je suis sûre que mon mari et Yannis seront ravis de répondre à votre invitation. »

Mon cœur s'était emballé. Nous allions nous revoir, Yannis et moi ! Toujours par timidité, je n'avais pas voulu exprimer mon bonheur. Les yeux rivés sur ma tasse, je m'étais efforcée de contenir ma joie…

chapitre 3

La sortie avait été programmée pour le lendemain après-midi. Le temps était clément et la mer relativement calme. Nous avions appareillé du port d'Halifax et avions navigué une bonne heure jusqu'aux abords d'un îlot rocailleux. Tout le long du voyage, Yannis m'avait posé des questions sur ma vie à Halifax et sur le collège dans lequel j'étudiais. Il m'avait demandé si je pratiquais un sport, si j'avais lu les classiques de la littérature grecque… J'étais heureuse de l'intéresser autant. Je lui avais chaque fois répondu sans hésiter, sous l'œil attentif de maman.

« Nous sommes arrivés, avait soudain annoncé papa. J'espère que nous aurons la chance d'apercevoir quelques baleines.

— Elles sont dans les parages, avait répondu monsieur Aradès. Je les sens... »

L'attente n'avait pas été longue.

« Là-bas ! » avait soudain crié Yannis en désignant un panache blanc.

Son père avait pris les commandes du bateau. Arrivé à distance respectable des cétacés, il avait coupé le moteur.

« Elles sont une dizaine. C'est magnifique ! »

Il jubilait à l'idée de pouvoir les toucher. Papa et lui avaient enfilé leurs combinaisons, puis sauté à l'eau.

« Pas question que tu plonges avec eux, m'avait dit maman avant le départ. Tu resteras avec moi sur le bateau. Et ne fais pas la tête ! Même Yannis n'est pas autorisé à plonger... Une baleine pourrait vous assommer sans s'en rendre compte. »

J'avais eu droit à l'énumération de tous les accidents possibles et imaginables.

Une fois dans l'océan, monsieur Aradès avait juste eu le temps de donner quelques conseils de prudence à papa. Assez rapidement, trois des cétacés avaient surgi en avançant dans leur direction. Quel spectacle ! J'avais l'impression que trois montagnes fonçaient sur eux ! Instinctivement, j'avais serré le premier bras que j'avais pu attraper : celui de Yannis. Il s'était tourné vers moi et m'avait souri.

« N'ayez pas peur, avait averti monsieur Aradès. Elles nous ont vus. Elles vont passer juste à côté de nous. »

Toutes les sorties en mer avec les chercheurs du Centre se résumaient à des observations à distance pour étudier les baleines sans influencer leur comportement. Les jumelles faisaient office de microscope, en quelque sorte. Tandis que maman semblait s'être accommodée de ce mode d'approche, papa avait souvent dit qu'il tenterait un jour le « grand saut » pour les toucher. Eh bien, ce jour était arrivé... Et je l'enviais !

Arrivées à hauteur des plongeurs, les baleines avaient ralenti leur nage. Dans un brouhaha presque terrifiant, l'une d'entre elles avait expulsé l'air vicié de ses poumons. Papa et monsieur Aradès étaient minuscules à leurs côtés.

« Attention à toi, John ! avait crié maman.

— Elles se sont immobilisées, avait expliqué le père de Yannis. Laissons-les faire… Elles ont l'air de s'intéresser à nous. »

Mais les baleines ne s'étaient pas approchées d'eux. D'un léger coup de queue, la plus grosse avait contourné le bateau et avait longé la coque… jusqu'à ma hauteur. L'impensable était alors arrivé : elle avait sorti sa tête hors de l'eau, bientôt suivie des deux autres. Toutes trois semblaient me regarder ! Puis chacune d'elles s'était arquée et avait plongé.

« Impressionnant ! avait lancé monsieur Aradès en regrimpant sur le bateau. C'est la première fois que je vois ça ! Elles ont nagé directement vers Anouk sans s'occuper de nous ! »

Il m'avait demandé ce que j'avais ressenti à leur approche.

« Je ne sais pas… Quelque chose comme… un bonheur immense… C'est difficile à expliquer. »

Yannis aussi avait été épaté :

« On avait l'impression qu'elles te connaissaient ! »

Au loin, les baleines se retournaient dans les

vagues et tendaient vers le ciel leurs longues nageoires blanches, comme pour me saluer. Je m'étais alors souvenue du chant lancinant entendu sur la plage où la petite baleine s'était échouée. Je regardais s'éloigner les grands cétacés, étonnée et troublée.

chapitre 4

L'après-midi suivant, Yannis avait sonné à la maison. Surprise par son arrivée, je m'étais recoiffée précipitamment, avant de lui ouvrir le portail.

« Bonjour, m'avait-il lancé. Tu vois... je n'ai pas perdu de temps pour te revoir. »

J'avais rougi... puis lui avais proposé d'entrer.

« Tu es seul ?

— Je suis un grand garçon, tu sais ! Mes parents n'ont plus besoin de m'accompagner... Je suis venu avec une mobylette qu'on a louée pour notre séjour. Tu aimerais aller à la plage ?

— Quelle plage ? avait demandé maman en débarquant sur le seuil, un torchon à la main.

— Ne vous inquiétez pas ! avait répondu Yannis. Je n'ai pas l'intention d'enlever votre fille !... »

Ma mère l'avait longuement toisé.

« Quel effronté ! » semblait-elle se dire.

« Alors ! Je peux y aller ? » étais-je intervenue avec un aplomb inhabituel.

Maman l'avait mal pris.

« Anouk... Ne joue pas ce petit jeu avec moi ! Je veux bien que tu ailles te promener, mais tu me dis où tu vas et tu reviens à l'heure que je te fixe.

— Wouah ! s'était exclamé Yannis sur un ton qui frisait l'insolence. C'est le bagne, chez vous ! »

Sa réflexion avait cloué maman sur place.

« Je ne sais pas ce que tu appelles le bagne, avait-elle rétorqué. En revanche, je sais qu'Anouk a treize ans et que, jusqu'à preuve du contraire, à cet âge... on ne maîtrise pas toutes les données de la vie. Je crois lui avoir inculqué quelques bonnes valeurs comme le respect des adultes et, sur ce plan-là, elle pourra t'apporter énormément ! »

Et vlan ! Je n'étais pas très à l'aise. J'avais l'impression d'être un agneau coincé entre deux prédateurs. Je me souviens que Yannis avait souri à la réplique de ma mère, pas un sourire narquois, mais plutôt le constat amusé que la répartie était belle.

« On revient vers midi, avait-il lancé. Ça vous va ? »

Maman avait accepté. Yannis m'avait donné un casque et nous étions partis tous les deux sur sa mobylette. C'était la première fois que je sentais contre moi le torse d'un garçon. En réalité, je m'agrippais plus à son tee-shirt qu'à lui-même… À l'approche des plages, il s'était arrêté pour dénuder sa tête.

« Il fait trop chaud, avait-il dit. Et puis, c'est tellement bon de sentir le vent fouetter son visage. »

Nous avions emprunté un sentier et étions descendus dans une crique.

« Ta mère n'a pas l'air de te laisser beaucoup de liberté, m'avait confié Yannis en s'asseyant sur les galets. Quand tu fais quelque chose, il faut toujours que tu lui demandes son avis ?

— Oui. Pourquoi ?... Ça ne se passe pas comme ça, chez toi ?

— Je suis plutôt du genre sauvage. Je déteste qu'on me commande. Je n'y peux rien. Toi, on voit bien que tes parents te couvent. Remarque... ce n'est pas de ta faute. Ils doivent avoir tellement peur de te perdre qu'ils te surprotégent. Il faut savoir mettre les voiles, Anouk ! La vie est une aventure ! »

Agacée par son discours, je ne m'étais pas attardée longtemps sur la plage.

À notre arrivée, j'avais remarqué un surplomb rocheux qui dominait la crique. La vue devait être superbe de là-haut. Tandis que Yannis inspectait les profondeurs du rivage en combinaison de plongée, j'avais escaladé le promontoire. Le vent était plutôt fort mais j'avais réussi à atteindre le sommet en deux minutes. Je m'étais assise, grelottant de froid, pour observer la ligne d'horizon de l'océan et je réfléchissais aux dernières paroles de Yannis... Je réalisais que, depuis ma naissance, je n'avais pas dû passer plus de deux jours hors de portée de mes parents.

De toute façon, je me sens très bien auprès d'eux... m'étais-je dit.

La mer s'étendait devant moi, vaste, mystérieuse. Le regard perdu sur cette immensité, je pensais au baleineau mort l'avant-veille à quelques kilomètres de chez nous. Pourquoi avait-il quitté l'océan ? Je me souvenais également des trois baleines venues à ma rencontre alors que papa et monsieur Aradès étaient dans l'eau.

Recroquevillée sur le rocher, le visage blotti contre mes genoux, j'avais soudain ressenti une chaleur inhabituelle dans mon dos. Instinctivement, je m'étais retournée. Une vieille femme m'observait, debout, à moins d'un mètre de moi… Ses yeux dessinaient deux entailles sur son visage. Ses rides creusaient sur sa peau de profonds sillons, jusqu'à déformer ses joues. C'était une Indienne… ou une Esquimaude. Je m'étais levée brusquement, mais elle m'avait retenue par la main en m'adressant des mots incompréhensibles, un bras tendu vers l'océan. Terrorisée, je m'étais libérée d'un coup et avais dévalé le promontoire en appelant Yannis à mon secours.

« Que se passe-t-il ? m'avait-il demandé en me rejoignant.

— Une Indienne ! Là-bas ! »

Je m'étais retournée pour lui montrer du doigt le surplomb rocheux, mais la vieille femme avait disparu.

« Tu as dû rêver.

— Non ! Je ne suis pas folle ! Elle était là… Elle a pris ma main. Elle parlait dans sa langue et… elle m'a montré l'océan. »

La journée s'était écoulée péniblement. Préoccupée par l'apparition de l'Indienne, je m'étais repliée sur moi-même. Yannis avait mis ma vision sur le compte de la fatigue et mes parents, à l'annonce de ce qui s'était passé, avaient haussé les épaules.

« Je savais que tu avais une imagination débordante, avait même ajouté maman. Mais de là à voir des Esquimaux en Nouvelle-Écosse !… »

La nuit avait été terrible. Je m'étais retournée sans arrêt dans mon lit, en proie à une nervosité inhabituelle : la vieille femme aux yeux bridés me harcelait dans mes rêves. Elle était debout sur la banquise et chantait face à la mer devant un groupe de cétacés. Je m'étais réveillée, mais le chant avait persisté, semblable à cette mélodie étrange entendue sur la plage où s'était échouée la petite baleine. J'avais décidé de ne rien révéler de ce songe étrange. Yannis aurait fini par se moquer de moi et mes parents m'auraient demandé gentiment d'arrêter de délirer…

chapitre 5

Le lendemain était un samedi, jour que nous nous réservions, maman et moi, pour visiter les magasins d'Halifax. De nombreux touristes déambulaient dans le quartier des quais. Cet endroit est le plus pittoresque de la ville, avec ses artères pavées de galets comme au siècle dernier. Au détour d'une rue, alors que nous nous attardions devant une vitrine de prêt-à-porter, j'avais soudain entrevu la silhouette de Yannis.

« Pssst ! Pssst ! » m'avait-il lancé, accompagnant son sifflement d'un signe de main.

J'avais vérifié que ma mère était occupée et l'avais rejoint derrière une échoppe.

« Qu'est-ce qui te prend ?

— Je te propose une balade, ce soir, à la tombée de la nuit. Ça te plairait ?

— Ben… je…

— Ne me dis pas qu'il faut que tu demandes à ta mère !... Ne t'en fais pas, on n'ira pas loin… Je suis sûr que ça te plaira.

— …

— Je t'attendrai devant votre portail à onze heures. »

Yannis avait disparu dans la foule, me laissant seule, désemparée.

« Anouk ! avait crié maman. Qu'est-ce que tu fais ? Tu viens ? »

Ce soir-là, j'étais allée me coucher vers les dix heures, laissant mon père et ma mère siroter leur whisky dans le petit salon.

J'y vais ou j'y vais pas ? m'étais-je répétée.

Je ne m'étais encore jamais éloignée de mes parents sans les prévenir. Plus je fixais les volets de ma fenêtre, plus je me sentais aspirée vers l'aventure. Je repensais à ce que Yannis m'avait dit dans la crique : « Il faut savoir mettre les voiles, Anouk. »

J'avais tellement envie de passer cette soirée avec lui…

À onze heures précises, je m'étais levée et m'étais rhabillée. J'avais ouvert les volets lentement, très lentement, pour ne pas les faire grincer. Puis je m'étais extirpée de la maison comme une voleuse. Arrivée devant le portail, je m'étais arrêtée, me posant mille questions sur les intentions de Yannis. Après tout, je le connaissais si peu… Et maman m'avait tellement mise en garde contre les garçons trop entreprenants ! Des frissons avaient parcouru mon corps.

« Je suis complètement folle ! Il faut que je rentre. »

À cet instant précis, une main avait agrippé mon épaule tandis qu'une autre bâillonnait ma bouche. J'avais cru mourir !

« Chuuut ! C'est moi !

— Mmmm…

— Ne dis rien ! On pourrait nous entendre…

— Tu es cinglé ! Encore un geste comme ça et je retourne dans ma chambre !

— Ça va, Anouk… Excuse-moi ! Je ne pensais pas que tu viendrais… Vraiment, tu m'épates ! »

Sa remarque m'avait calmée.

« Où veux-tu aller ?

— Arrête de poser des questions ! Monte ! »

Nous avions roulé pendant une demi-heure dans la nuit. Mes bras enserraient le torse de Yannis avec un peu plus d'audace que la veille... Quelle sensation étrange que ce contact entre ma poitrine et son dos ! J'aurais aimé incliner ma tête contre sa nuque pour me protéger du vent, mais j'avais crains que Yannis voie dans ce geste une attention amoureuse.

Nous étions finalement parvenus sur la plage où s'était échouée la petite baleine, quelques jours plus tôt. Fatiguée, je m'étais assise sur le sable et avais contemplé les lumières des maisons blotties sur la côte. Au loin, les signaux d'un phare scintillaient et disparaissaient avec une régularité implacable. Bercée par le roulement des vagues, je me remémorais l'apparition de l'Indienne sur le rocher.

« J'ai peur, Yannis. J'ai comme l'impression que quelque chose va m'arriver.

— Tu repenses toujours à cette vieille femme ?

— Je l'ai vue en rêve, la nuit dernière, chanter avec des baleines. Quand je me suis réveillée, le chant était toujours là… la même mélodie que j'ai entendue sur cette plage juste après t'avoir rencontré.

— Quand la baleine s'est échouée ?

— Oui… c'est ça ! Tout a commencé là. Il y a eu ensuite le comportement des trois baleines pendant la sortie avec ton père. J'ai eu l'impression qu'elles cherchaient à me parler. »

J'avais réfléchi quelques secondes et avais lancé :

« C'est plutôt étrange, ce qu'a raconté ta mère l'autre jour : cette relation entre les hommes et les cétacés…

— Et encore… Elle n'a pas tout dit.

— Comment ça ?

— Il y a quelques mois, elle a fait la connaissance d'un ethnologue danois. Il prétendait avoir rencontré un Esquimau, au Groenland, qui lui aurait parlé d'un culte très ancien lié aux baleines, un rite secret pratiqué encore par quelques chamans du Grand Nord.

— Des chamans ?…

— Oui… des hommes-médecine qui ont des pouvoirs surnaturels. Ils peuvent entrer en transe et voyager dans le monde des esprits pour guérir les malades de leur clan. On les trouve en Sibérie, en Alaska, au Groenland… Ceux dont a entendu parler l'ethnologue seraient capables de communiquer avec les esprits des baleines.

— C'est pour les retrouver que vous allez au Groenland ?

— Tu as tout compris ! Allez ! Fini de discuter… C'est le moment de se mettre à l'eau ! »

Il m'avait sidérée.

« Quoi ? Tu veux te baigner ? »

Il avait ôté ses vêtements, avait revêtu une combinaison et s'était précipité dans les premières vagues.

« Alors ? Tu viens ? C'est le bain de minuit traditionnel. Tu vas voir, c'est sublime ! Ne t'inquiète pas pour les serviettes, j'en ai apporté. »

J'entendais sa voix mais ne parvenais pas à le localiser. La nuit était si dense ! Me sentant protégée par la pénombre, je m'étais déshabillée et avais enfilé une combinaison. Nager dans l'obscurité ! Quel sentiment étrange !… J'avais essayé de deviner ce que pouvaient ressentir les baleines, la nuit, seules au milieu de l'océan. Je réalisais pour la première fois qu'elles avaient en permanence le vent comme compagnon. La lune et les étoiles s'offraient à elles en spectacle dans un ciel dépourvu de nuages. Et les levers de soleil ! Les premiers rayons qui rebondissent sur les vagues… le ciel qui s'embrase…

« Tu ne dis rien ? m'avait lancé Yannis. Tu rêves encore ? »

Je n'étais pas restée longtemps dans l'eau, à cause de la température. De retour sur la plage, j'avais fouillé dans le sac et avais sorti une serviette. J'étais déjà rhabillée lorsque Yannis était réapparu.

« Alors, Anouk… Comment as-tu trouvé ?

— Agréable… »

Tout en retirant sa combinaison, il m'avait confié :

« Tu sais… ce que je t'ai dit sur les recherches de ma mère… les chamans… le rite lié aux baleines. Je préfère que tu le gardes pour toi. N'en parle pas à tes parents car ma mère serait furieuse. Son éditeur attend beaucoup de son livre et je sais qu'elle lui a promis de ne rien révéler avant sa parution. »

Les constellations se détachaient nettement dans la nuit. J'avais posé mon regard sur la Grande Ourse et avais localisé l'étoile polaire, précieux repère indiquant le Grand Nord. Je n'avais encore jamais entendu parler des chamans... Et si la mère de Yannis avait raison ?... Je revoyais les yeux des baleines me fixant avec insistance le jour de notre sortie. Que voulaient-elles me dire ?

Perdue dans mes songes, je ne m'étais pas rendu compte que Yannis s'était assis à mes côtés. Lentement, il avait passé ses mains autour de ma taille. Puis il m'avait attirée à lui pour déposer un baiser sur mes lèvres. Dans un premier réflexe, j'avais détourné la tête. Il avait eu alors un geste de recul. Nous nous étions regardés dans les yeux et il s'était à nouveau approché, cette fois-ci sans me surprendre. J'avais envie de l'embrasser. Nos lèvres s'étaient rejointes et nous nous étions enlacés comme de jeunes fous, roulant sur le sable qui avait recueilli quelques jours plus tôt le dernier soupir de la baleine.

chapitre 6

J'avais voulu cacher notre relation, mais, très vite, la situation était devenue intenable. Quelques jours après notre premier baiser, nous avions visité avec nos parents la partie nord de l'île du Cap-Breton, avec ses hauts plateaux et ses côtes sauvages. Nous avions traversé en voiture la vallée de la Margaree, aux cours d'eau riches en saumons, et avions atteint le petit port de pêche de Chéticamp, village natal de ma mère. Le drapeau tricolore étoilé des Acadiens[1] flottait fièrement sur la place. Pendant tout le

1. L'Acadie est une ancienne province française du Canada qui s'étendait sur l'actuel territoire du Nouveau-Brunswick et de la Nouvelle-Écosse. Après une terrible déportation imposée par les Anglais en 1755, des milliers d'Acadiens entreprirent un lent retour pour retrouver leurs terres.

trajet, je n'avais eu qu'une envie : me blottir dans les bras de Yannis. Mais j'avais résisté à ce désir.

« Je ne te comprends pas, m'avait-il dit. On ne fait rien de mal… On sort ensemble, c'est tout ! Pourquoi toujours se cacher ? »

Un peu plus tard, profitant d'un arrêt le long de la côte Gaélique, Yannis avait déposé un baiser sur mes lèvres… devant nos parents ! Tous les quatre avaient été surpris mais n'étaient pas intervenus. Sur le chemin du retour, papa avait juste lancé :

« Dis donc, Anouk… Toi et Yannis… Vous êtes de vrais cachottiers ! »

Maman n'avait pas fait de commentaires, ce qui était étonnant de sa part ; elle qui me mettait en garde chaque fois qu'un garçon tournait autour de moi !

La présence des parents de Yannis la met peut-être en confiance, avais-je pensé.

Le soir même, je l'avais surprise en grande discussion avec papa. Elle était moins sereine qu'elle l'avait laissé paraître pendant l'après-midi.

« Tu sais, Anouk fait son apprentissage amoureux, avait tenté de la rassurer mon père. Laissons-la faire… Et puis, Yannis sera parti dans quelques jours…

— Justement, avait réagi maman. Je ne veux pas que, dans la précipitation, ils fassent n'importe quoi. Anouk est tellement jeune ! Je ne veux pas qu'elle commence à prendre trop de libertés. Tu te rends compte : à treize ans ! »

Dès le lendemain, elle était venue me rejoindre au petit déjeuner pendant que papa occupait la salle de bains.

« Tu t'entends bien avec Yannis ? m'avait-elle demandé.

— Je l'adore ! »

Elle avait déplacé sa chaise pour se rapprocher.

« Vous vous embrassez et c'est normal, mais je vais te donner un conseil : celui d'une mère qui aime sa fille et qui voudrait l'informer sur certaines réalités de la vie. »

Elle m'avait doucement entourée de ses bras et avait évoqué mes règles qui étaient arrivées un an plus tôt. Elle m'avait rappelé que je pouvais mettre un bébé au monde et qu'il ne fallait pas jouer avec ces choses-là. Elle m'avait parlé de femme à femme et cela m'avait touchée.

« Tu sais…, avais-je répondu, avec Yannis, on s'embrasse. Mais pas question d'aller plus loin… »

Ces quelques mots l'avaient un peu rassurée.

Le temps s'écoulait inexorablement. Huit jours étaient déjà passés lorsque monsieur Aradès annonça :

« Nous allons prendre l'avion après-demain. Mais, avant de partir, j'aimerais beaucoup vous faire rencontrer des dauphins. Ce serait une manière de vous remercier car, grâce à vous, nous avons pu approcher les baleines. Qu'en pensez-vous ? On pourrait refaire une sortie en mer et, cette fois-ci, Anouk en profiterait pour plonger avec nous. Les dauphins ne sont pas des mastodontes… Il n'y a rien à craindre ! »

J'étais aux anges ! Papa et maman ne pouvaient pas me refuser ça !

Le lendemain après-midi, nous étions tous à bord du bateau du Centre de recherches. Même Irini Aradès était de la partie. Mon père avait opté pour un passage entre deux îlots situés dans les environs d'Halifax.

« Neuf fois sur dix, nous y croisons des dauphins », avait-il précisé.

Il ne s'était pas trompé. Quand nous étions arrivés sur les lieux, plusieurs petits cétacés étaient venus à notre rencontre. Ils bondissaient autour de la coque en se jouant des vagues. Nous avions déjà revêtu les combinaisons, prêts à nous frotter à eux.

« Entrez doucement dans l'eau », avait conseillé monsieur Aradès.

Je m'étais glissée lentement le long du bateau. Mes parents avaient emprunté l'échelle.

« Ils sont partis ? avait demandé papa après quelques minutes d'attente.

— Soyez patients… Ils se familiarisent avec nous à distance. Si rien ne les inquiète, ils vont s'approcher. Surtout, pas de mouvements brusques ! »

Je nageais sans faire de bruit le long de la coque.

« Anouk ! Ne t'éloigne pas trop », avait rouspété maman.

J'avais soupiré. Mon père avait froncé les sourcils. Tout d'un coup, alors que j'attendais tranquillement, quatre nageoires dorsales avaient crevé la surface de l'eau. Ces triangles coupants comme des lames de rasoir… Ça ne pouvait être que…

« Des requins ! Des requins ! »

Panique totale ! Je m'étais mise à nager à toute allure vers le bateau, puis m'étais hissée hors de l'eau comme une fusée... pour découvrir Yannis écroulé de rire.

« Ce sont les dauphins ! » s'était-il exclamé.

Maman m'avait adressé un regard sombre avant de soupirer :

« On commençait seulement à se détendre...

— Anouk est traumatisée par les requins, avait expliqué papa. Depuis qu'elle a vu un film d'horreur au cinéma... »

Je m'en voulais d'avoir cédé à la panique.

« Attendons, avait proposé monsieur Aradès. Les dauphins vont peut-être revenir. »

J'étais retournée prudemment dans l'eau. Les secondes passaient...

« Ils ont sûrement eu peur d'Anouk », avait grommelé maman.

Agacée par ses reproches, j'avais décidé d'emmagasiner suffisamment d'air pour plonger à deux ou trois mètres sous l'eau. Quel monde étrange et inquiétant que les profondeurs de l'océan... Qu'y a-t-il dans ces abysses ? Des pieuvres géantes ? Si je me noyais... combien de temps mettrait mon corps pour atteindre le fond ?

Cette pensée morbide m'avait glacé le sang. Je m'apprêtais à regagner la surface, lorsque tout d'un coup... Des dauphins nageant paisiblement juste sous moi ! Que faisaient-ils là ? Je n'avais pas eu le temps de me remettre de mes émotions : l'un d'entre eux s'était avancé et avait approché son nez pour effleurer mon visage. Il me regardait comme on regarde un être familier.

Reste, avais-je murmuré au fond de moi. Reste que je te caresse...

J'avais tendu le bras pour le toucher. C'est alors qu'avait retenti le chant entendu sur la plage. Il semblait provenir du fond de l'océan. Captivée, j'étais restée immobile face au dauphin, jusqu'à ce que le manque d'oxygène me sorte de ma torpeur.

« Qu'est-ce qu'il t'a pris, s'était énervé papa. Tu en as mis du temps pour remonter ! »

Je ne pouvais pas répondre. Assise sur le rebord du bateau, j'essayais de retrouver mes esprits.

« Pourquoi as-tu plongé ? » avait insisté maman.

Comment leur expliquer que j'avais entendu un chant provenant des profondeurs de l'océan ?

J'avais gardé un mauvais souvenir de leur réaction lorsque j'avais évoqué l'apparition de l'Indienne, quelques jours plus tôt. Troublée et méfiante, je m'étais à nouveau enfermée dans le silence.

Le soir même, papa et maman avaient invité les Aradès pour un dîner d'adieu. Mon moral n'était pas au beau fixe. Savoir en outre que Yannis allait bientôt disparaître de ma vie n'arrangeait rien. Lui et moi faisions une tête de six pieds de long ! Encore quelques heures et plus de deux mille kilomètres nous sépareraient.

Avant de passer à table, je l'avais entraîné dans ma chambre.

« Magnifique ! » s'était-il exclamé en découvrant quatre baleines à bosse suspendues au plafond.

Il avait été impressionné par la finesse des sculptures. Taillés dans du bois tendre d'Afrique, les cétacés semblaient nager dans les airs.

« Qui te les a offertes ?

— Personne. Je les ai trouvées en fouinant dans un magasin d'Halifax. J'ai tout de suite craqué... Toutes mes économies y sont passées. »

Il m'avait enlacée en chuchotant :

« Tu invites souvent les garçons dans ta chambre ?

— Non, tu es le premier, si ça peut te rassurer. »

Il avait souri et s'était arrêté net en remarquant le poster accroché au-dessus de mon lit. La photo représentait un homme chevauchant une baleine.

« C'est un membre de Greenpeace, avais-je expliqué. La baleine a été harponnée et il essaie d'empêcher le navire de la hisser sur le pont. »

Je m'étais approchée doucement et avais ajouté :

« Yannis... Il faut que je te parle... Cet après-midi, les dauphins sont venus vers moi quand j'étais sous l'eau. J'ai encore entendu le chant... celui dont je t'ai parlé. Il venait des profondeurs...

— C'est pour ça que tu ne disais rien quand tu es sortie ?

— Je ne comprends pas ce qui arrive. Personne ne me croit et…

— À taaaable ! » avait soudain crié maman.

Nous étions demeurés tous les deux face à face, à nous interroger du regard. Je sentais l'inquiétude poindre dans ses yeux. Il commençait à me prendre au sérieux.

« Je ne sais pas quoi te dire, Anouk… »

Le repas avait été d'un triste ! Tandis que monsieur et madame Aradès parlaient avec enthousiasme de la gastronomie de leur pays, Yannis et moi goûtions du bout des lèvres les lasagnes végétariennes de maman. Le temps nous était compté et nous étions obligés d'écouter des commentaires assommants sur la fabrication des fromages grecs…

Et puis, comme par miracle, juste avant le dessert, papa avait lancé à l'attention des invités :

« Nous avons une proposition à vous faire. Voilà… Nous n'allons pas bouger pendant le mois d'août, mais, début septembre, Violaine et moi aimerions organiser un voyage de recherche à Thulé, au Groenland, pour observer les cétacés qu'on rencontre dans ces parages. Avec Anouk, bien sûr. On pourrait se retrouver là-bas. Qu'en dites-vous ? »

D'abord abasourdis, Yannis et moi avions tout d'un coup bondi de nos chaises.

« Génial !

— Pour une surprise, c'en est une ! » avait déclaré monsieur Aradès.

Yannis était fou de joie !

« Merci, papa ! avais-je crié en sautant dans ses bras.

— Tu peux aussi remercier ta mère…

— Nous étions sûrs de faire deux heureux », avait souri maman.

chapitre 7

Le départ de Yannis avait été terrible. Avant l'embarquement, il m'avait confié qu'il n'avait jamais passé des moments aussi intenses avec une fille. Je lui avais promis de lui faire découvrir un jour le Québec, avec ses forêts sauvages, le Saint-Laurent…

« On va d'abord se revoir en septembre au Groenland, avait-il répondu. Mais de toute façon, il ne faut pas qu'on se fasse trop d'illusions… On habite à des milliers de kilomètres l'un de l'autre. Moi en Grèce, toi ici… Tu sais ce qu'on dit : loin des yeux, loin du cœur ! »

Horreur ! Il n'aurait pas pu être plus maladroit. Du coup, nous ne nous étions même pas embrassés au moment de nous quitter.

Yannis ne m'aimait pas ! Il m'avait fait croire à ses sentiments juste pour passer du bon temps… Je le haïssais, haïssais, HAÏSSAIS ! Sur la route du retour, la tête tournée vers la vitre de la voiture, je n'avais jamais autant pleuré.

« Tu le reverras bientôt » avait dit maman en pensant me consoler.

Blottie contre le siège, j'avais haussé les épaules. À la maison, mes baleines fétiches m'avaient un peu consolée. Elles semblaient me murmurer :

« Nous voyons bien qu'au fond de toi tu es triste. Que s'est-il passé ? »

Je m'étais approchée et leur avais ouvert mon cœur. Puis je m'étais jetée sur mon journal intime pour déverser toute ma colère contre Yannis.

Les jours qui suivirent furent catastrophiques. Les derniers mots de Yannis, à l'aéroport, hantaient sans arrêt mon esprit. Pourquoi m'avait-il parlé ainsi ?… Je le détestais, mais je regrettais en même temps les moments de liberté passés avec lui. Je repensais alors aux dauphins. Je m'étais sentie si bien en leur compagnie. Me revenait en mémoire cette expérience extrême au fond de l'eau, le jour où j'avais entendu la mélodie étrange, et ce désir de rester à leurs côtés alors que l'oxygène s'épuisait. J'avais ressassé la même question : Que s'était-il passé ce jour-là ? Et, à défaut de pouvoir y répondre, j'avais tout fait pour oublier… en espérant qu'aucun autre signe ne viendrait me troubler.

Je commençais à peine à me remettre de l'affront de Yannis, lorsqu'un soir :

« On a reçu un colis du Groenland. Visiblement, il est pour toi, Anouk… »

Je m'étais précipitée sur le courrier tendu par maman et avais découvert un paquet en forme de cœur. Il contenait une petite sculpture de cétacé en bois : une baleine à bosse.

« Je l'ai appelée Crialéis, avait écrit Yannis. Elle sera heureuse de rejoindre celles qui sont déjà suspendues dans ta chambre. Tu me manques, Anouk ! Combien de fois m'en suis-je voulu de t'avoir fait souffrir, à l'aéroport… Mais tout me paraissait si sombre ! Je déteste cette vie qui nous fait rencontrer des êtres qu'on aime et nous en sépare aussitôt. Anouk, cette baleine, je te l'offre pour me faire pardonner... en gage de mon amour. »

Une larme avait perlé sous mon œil... Dans sa lettre, Yannis m'expliquait tout ce qu'il faisait : sa rencontre avec les Esquimaux, les recherches de sa mère pour retrouver les chamans dont avait parlé l'ethnologue danois. Il attendait avec impatience nos retrouvailles à Thulé, début septembre. Il me demandait également de jeter un coup d'œil en direction du ciel pour y repérer la constellation du Dauphin.

« Je la regarde souvent de mon île grecque, écrivait-il. Désormais, ce sera la nôtre. »

Une semaine plus tard, papa avait confirmé le rendez-vous avec les Aradès :

« Ça marche ! Ils viennent de nous envoyer un e-mail. On les retrouvera le cinq septembre à Thulé, juste au retour de leur périple. »

Explosion de joie ! Le lendemain, avant le lever du soleil, j'avais observé la constellation du Dauphin dans le ciel. Mon regard avait glissé sur les Pléiades, puis s'était posé sur Sirius qui apparaissait à l'horizon. J'avais la chair de poule. Une fois la fenêtre refermée, je m'étais allongée sur mon lit pour contempler mes baleines fétiches suspendues dans les airs. Elles me fascinaient. J'imaginais que j'allais les rejoindre et que je les chevauchais comme cet homme courageux sur mon poster.

« Me confierez-vous un jour vos secrets ? leur avais-je murmuré. Et toi, Crialéis… Si tu pouvais parler, me dirais-tu comment va Yannis ? Si tu savais comme je me sens proche de toi… »

chapitre 8

Mercredi cinq septembre : nous rejoignons en avion Qaanaaq-Thulé, l'un des villages les plus septentrionaux du globe. En quittant ma chambre, j'ai annoncé à mes baleines, avec un pincement au cœur, que j'allais rendre visite à leurs amies du Grand Nord. J'espère qu'elles ne vont pas me faire une crise de jalousie !

Je jubile à l'idée de retrouver Yannis ! En attendant, coincée sur un siège trop étroit, je dévore un guide de voyage. J'y apprends que le comptoir de Thulé a été fondé en 1910 par le grand explorateur danois Knud Rasmussen sur la terre ancestrale des Inuits. Aujourd'hui, dans la plupart des villages esquimaux, les armes à feu ont remplacé les flèches et les harpons. Les bateaux à moteur ont supplanté les kayaks, les maisons en bois, les igloos. L'alcool fait aussi des ravages dans la population, ce qui est souvent le cas des peuples qui perdent peu à peu leur identité au contact des Occidentaux. Dans la rubrique « Légendes et coutumes », je tombe soudain sur l'évocation d'une légende très populaire chez les Inuits : « L'enfant aveugle et sa sœur ». Elle raconte comment une femme s'est autrefois transformée en narval, un cétacé vénéré par les Esquimaux. Je trouve que cette histoire a un air de ressemblance avec l'épisode où le dieu Apollon se transforme en dauphin. Les paroles de madame Aradès résonnent encore dans ma tête, suivies des fameuses révélations de Yannis concernant les chamans. Des souvenirs désagréables reviennent alors, provoquant l'arrivée de bouffées d'angoisse.

« Calme-toi ! me dis-je. Le chant étrange et la vieille Indienne ne se sont plus manifestés. Tout ça est terminé... »

Nous dépassons le Labrador, survolons la mer et, après plusieurs heures de voyage, nous arrivons enfin en vue de Qaanaaq-Thulé[1]. Les façades des maisons sont de différentes couleurs… Je ne m'attendais pas à trouver de telles constructions, mais je réalise que nous sommes sous influence danoise… Le sol n'est pas recouvert de neige. Seuls quelques icebergs flottent paresseusement au large, exposant leurs gigantesques silhouettes à la vue des villageois.

Nous atterrissons sur l'héliport, puis gagnons directement un logement où mes parents ont réservé deux chambres.

« Nous n'avons pas de temps à perdre, explique papa. Pendant que vous vous reposez, je vais confirmer la location du bateau pour demain.

— On t'attend ! » répond maman.

Je proteste :

« Laisse-moi t'accompagner !

— Évidemment, lance ma mère. Je dis une chose… ta fille veut le contraire.

— Je ne suis pas fatiguée. Et puis j'ai envie de découvrir Thulé ! »

1. En 1953, 187 Inuits ont été exilés de force par les autorités danoises afin d'agrandir une base militaire américaine. Qaanaaq-Thulé est le village où ces réfugiés ont dû se réinstaller. En mai 2004, les Inuits ont déposé une plainte contre le Danemark devant la Cour européenne des droits de l'homme pour réclamer la restitution de leurs terres ancestrales.

Elle soupire et me laisse finalement partir avec papa. J'ai hâte de voir à quoi ressemblent ces humains du Grand Nord ! Parcourant les rues du village, je me retourne à chaque passage d'un homme, d'une femme, les yeux grands ouverts, comme si je débarquais sur Mars.

« Tu pourrais être plus discrète », me reproche mon père.

Les Inuits sont tels que je me les représentais à la lecture des livres : de petite taille et robustes, une chevelure noire comme le jais, la peau mate, les pommettes saillantes et les yeux fendus. Une jeune fille surgit devant nous, les cheveux au vent. Elle est poursuivie par un garçon de son âge, peut-être son frère. Leurs rires claquent dans la rue et me réchauffent comme un soleil.

À peine arrivé au centre de location, mon père parlemente avec l'Inuit propriétaire des bateaux. Il lui explique qu'il veut observer les cétacés au large des côtes dans le cadre d'une mission scientifique.

« Vous avez de la chance, le ciel est encore favorable. Mais il ne reste plus beaucoup de jours avant que le mauvais temps d'automne interdise les sorties », explique l'Inuit.

Quelques Esquimaux assistent à la discussion. Ils me fascinent. Leurs yeux bridés semblent retenir les mystères de leur pays sauvage… J'aimerais savoir ce qu'ils éprouvent lorsqu'ils parcourent la banquise sous le froid et le vent qui cisaillent les joues. Quel courage pour affronter une terre aussi hostile !

J'observe l'un d'eux, qui fume en silence. Dans ce pays aux conditions si rudes, j'imagine qu'il a appris l'importance de toute vie. Je me souviens avoir lu qu'à Thulé, le soleil glisse sous l'horizon fin octobre pour ne réapparaître qu'en février. Comment peut-on vivre quatre mois sans soleil ?

La fumée des cigarettes emplit la salle, finissant par me donner mal à la tête. Inutile de déranger mon père en pleine discussion. J'ouvre la porte et sors sur le perron. L'air transforme rapidement mon nez en glaçon. Je pense à Yannis, que je vais revoir demain… au colis en forme de cœur qu'il m'a adressé.

De l'autre côté de la rue, j'aperçois une vieille femme inuit, un collier d'amulettes à la main. Quelque chose en elle me dérange. Je fais comme si je ne l'avais pas vue et m'éloigne en direction d'un grand bâtiment, au bout de la rue, pour me dégourdir les jambes. Arrivée à un carrefour, je me retourne. Elle est là… à une centaine de mètres derrière moi. Que me veut-elle ? Je m'écarte pour échapper à son regard, mais elle me rejoint en émettant des hululements. C'est elle ! Je la reconnais ! C'est elle qui m'a accostée sur le promontoire rocheux d'Halifax… Comment est-ce possible ? Je dois rêver !

« Tu seras la prochaine, murmure-t-elle. Souviens-toi du chant sacré… Les Esprits seront là… »

Je tourne la tête, espérant de l'aide, mais l'endroit est isolé. Impossible de crier : les mots sont bloqués dans ma gorge. La vieille femme s'approche… Je tente de m'enfuir, mais elle me tire à elle avec une force si terrible qu'il m'est impossible de résister. Elle plaque ses mains contre mes tempes et répète plusieurs fois des mots incompréhensibles. J'ai l'impression que mes oreilles vont éclater… Je m'évanouis.

À mon réveil, mes parents sont affairés autour de moi.

Je suis allongée sur une table dans un baraquement. Mon père gesticule en essayant de faire parler l'Inuit qui m'a trouvée dans la rue. Ma mère adresse un regard de reproche à mon père :

« À force de tout lui céder, voilà où ça mène ! »

Puis, une fois calmée :

« Anouk… Que s'est-il passé ? »

Que répondre ? Que l'Indienne d'Halifax m'a jeté un sort dans les rues de Thulé ?… Ils ne me croiront pas. Je tremble comme une feuille. Il faut que je parle à Yannis. Lui seul pourra me comprendre.

La nuit qui suit est infernale. Je me réveille toutes les demi-heures, le corps en nage. Bientôt, une douleur aiguë monte de ma nuque et s'amplifie à l'intérieur de mon crâne. Je prends ma tête entre mes mains et la serre comme pour en extraire le mal. Les souffrances s'atténuent enfin. Que m'a fait la vieille Esquimaude ? Je reprends ma respiration lorsque je réalise, effarée, qu'un liquide froid s'écoule de mes oreilles. Il suinte le long de mes tempes ! D'un geste tremblant, j'en prélève sur mes doigts et le porte à ma bouche. Je reconnais l'amertume de l'océan… et perds connaissance.

chapitre 9

« Anouk ! Qu'est-ce que tu fais par terre ? fulmine mon père. Il est sept heures. Les baleines n'attendront pas ! »

Je plaque instinctivement mes mains contre mes tempes. L'eau a disparu.

« Qu'est-ce que tu as ? » me demande maman.

J'ai la gorge nouée.

« Tu ne vas tout de même pas tomber malade au moment de retrouver Yannis ! »

Yannis ! Il est sûrement arrivé ! Je vais tout lui dire… Je me lève et me précipite dans la salle de bains.

« Ils ont dû atterrir hier soir, continue maman

en parlant des Aradès. J'espère qu'ils seront en forme pour nous suivre ce matin. »

Mon père s'occupe des préparatifs et monte dans un 4 x 4 de location.

« On peut y aller ! Tout est prêt ! »

Ma mère déboule et s'engouffre dans la voiture. Direction : le port.

Le propriétaire du bateau nous attend sur les quais. Mon père inspecte avec lui la cabine, le matériel, puis signe un dernier papier.

« Apparemment, nos amis grecs n'ont pas eu le courage de se lever », déclare maman en soupirant.

Je scrute le port désespérément. Une voiture arrive soudain en trombe et stoppe devant le bateau.

« Salut les amis ! crie monsieur Aradès en déposant Yannis sur le quai. Désolé pour le retard ! On a eu du mal à se réveiller.

— TU as eu du mal à te réveiller ! proteste Yannis. Moi, j'étais debout à sept heures. »

Il claque la porte du véhicule et nous rejoint. Son père nous adresse un sourire gêné.

« Irini est restée au lit. On est arrivés tard

dans la soirée. Ça fait rudement plaisir de vous retrouver !

— Des pêcheurs ont aperçu un groupe de baleines au large de la côte, annonce maman. Nous partons les observer. Si vous voulez, on y retournera demain ensemble.

— D'accord ! En attendant, je vous laisse Yannis. Vous serez de retour vers quelle heure ?

— Avant midi…

— Parfait ! On vous attend pour manger… on fêtera nos retrouvailles ! »

Yannis saute dans le bateau. Je le dévisage comme pour m'assurer que c'est bien lui dans son anorak rembourré.

« Salut ! »

Il s'approche et dépose un bisou sur mes lèvres. C'est étrange… cette impression de le découvrir pour la première fois alors qu'on a vécu cet été des moments si intimes. Je crois qu'on est restés trop longtemps séparés. Il me sourit, va saluer mes parents et revient près de moi. Mon père fait tourner le moteur et met le cap sur le détroit de la Baleine. Le bateau soulève les vagues, projetant des tourbillons d'écume le long de ses flancs.

« C'est étrange de se retrouver ici, au milieu des icebergs… » me lance Yannis.

Je plonge dans ses yeux et me dis :

« Il est là, devant moi. J'ai tellement attendu ce moment ! »

« On dirait que tu as gobé un poisson volant ! ricane-t-il. Ho… Réveille-toi ! »

Je lui adresse un sourire mais ne parviens toujours pas à prononcer un mot.

« Tu as vu ? J'ai failli rater le bateau à cause de mon père. Il m'avait promis de me conduire au rendez-vous. Si je n'avais pas rué dans les brancards, vous seriez partis sans moi ! Il faut toujours les secouer, les parents ! »

Je lui prends doucement la main.

« Alors, cette expédition ? intervient maman.

— Un peu longue, mais ça s'est tout de même bien passé. »

Yannis m'entraîne à l'écart et m'embrasse passionnément.

« Écoute-moi, dis-je en le repoussant légèrement. J'ai revu l'Indienne… C'était une Esquimaude… et il s'est passé quelque chose de bizarre cette nuit. J'ai peur…

— Raconte-moi.

— De l'eau… a coulé de mes oreilles. »

Il a un mouvement de recul.

« Qu'est-ce que tu dis ?

— De l'eau salée ! »

Yannis est atterré. Il reprend ses esprits et bredouille :

« Les chamans que ma mère a rencontrés… lui ont parlé de rites… pendant lesquels de l'eau de mer s'écoule du corps. Ils appellent ça… *les larmes des cétacés.* »

Je le regarde, sidérée.

« Les voilà ! » crie soudain ma mère en désignant un petit geyser à la surface de l'eau.

Nous nous retournons et apercevons un groupe de cinq baleines au large de l'île Northumberland.

« Ce sont des jubartes, déclare mon père. Vous voyez leur souffle en forme de choufleur ? »

Maman s'approche et lance :

« Je ne pensais pas qu'on en rencontrerait ! Elles sont venues s'alimenter jusqu'ici et elles vont sûrement redescendre aux Antilles pour y passer l'hiver.

— Elles plongent ! s'écrie mon père. Guettons-les… Elles vont réapparaître. »

Je reçois quelques gouttes de pluie sur le visage. Je lève les yeux et aperçois de gros nuages s'amonceler dans le ciel. Les dernières paroles de Yannis résonnent encore dans ma tête. Je le fixe et lui demande :

« Qu'avez-vous appris sur les rites ?

— Les chamans prétendent que chaque fois qu'une baleine s'échoue, un être humain est désigné pour la remplacer.

— Quoi ?

— Ils appellent ça le rite de substitution.

— On n'a pas de chance, intervient soudain mon père. Le temps est en train de changer. »

Je regarde Yannis et je lis ma propre inquiétude dans ses yeux.

À une centaine de mètres devant nous, les baleines refont surface.

« Il faudrait faire demi-tour », lance ma mère.

Papa est furieux :

« Non ! Pas tout de suite ! Elles approchent ! »

Il croise son regard.

« Qu'est-ce que tu as, Violaine ? Ça ne va pas ?

— Je ne sais pas… j'ai un mauvais pressentiment. »

Mon père hausse les épaules. Ma mère désigne les gros cumulus qui couvrent l'horizon.

« Anouk ! s'inquiète Yannis. Viens contre moi ! »

Je m'approche de lui et l'entoure de mes bras. J'aimerais lui parler mais je n'y parviens pas.

« J'ai des photos, me dit-il en sortant une pochette de son anorak. Je les ai prises pendant le voyage. »

Au même moment, mon père surgit :

« C'est bon. J'ai rassuré ta mère. On va laisser approcher les baleines et on repart tout de suite après. »

Il tourne la clé de contact.

« J'arrête le moteur. C'est beaucoup plus impressionnant dans le silence. »

Yannis me montre les clichés. Soudain…

« Qu'est-ce qu'il y a ?

— Là, sur la photo… Je reconnais la femme ! C'est elle… Elle m'a dit que je serais la prochaine… que les Esprits…

— C'est une chaman, m'interrompt Yannis.

Elle fait partie de la communauté que nous avons rencontrée. »

Je reste statufiée, les yeux rivés sur la silhouette.

« Regardez ! crie soudain mon père. Les baleines arrivent sur nous.

— Rentrons ! dit maman. Je t'en prie, John, rentrons ! »

Je tire Yannis à moi et le supplie :

« J'ai peur… Aide-moi… »

Les premiers éclairs tonnent. Mon père tente de remettre le moteur en marche… en vain.

« Quelle poisse ! s'énerve-t-il. Ce n'est pas le moment de tomber en panne !

— Les baleines plongent sous la coque », prévient maman.

Yannis se penche.

« Faites attention ! »

Au même moment, le moteur redémarre. La secousse est violente. Je suis projetée en avant. La mer me happe. J'ai brusquement froid dans tout mon corps. Des bulles jaillissent de ma bouche… des bulles au milieu des cris de ma mère. Le bateau, où est-il ? Yannis se débat à mes côtés, empêtré dans son anorak. Il me tend la main. Ses yeux me supplient. J'essaie de le rejoindre mais nos corps se séparent. Je le vois s'éloigner. Il coule de plus en plus vite. Mes poumons s'emplissent d'eau. Il n'y a plus de lumière. J'ai froid.

chapitre 10

« Viens te joindre à nous... »

Une voix… j'entends une voix.

« Viens te joindre à nous… »

Mes yeux se ferment.

« Ne t'endors pas… Respire avec nous… »

Mon dos se raidit. Mes yeux se plissent. L´eau est de moins en moins froide.

Je panique.

« Yannis ! Où es-tu ? Yannis ! Réponds-moi ! »

Le silence. Partout le silence.

« Yannis !

— Tu ne peux plus rien pour lui, me lance à nouveau la voix.

— Il faut que je le retrouve ! Il va se noyer…

— Il s'est noyé. »

Je reste pétrifiée.

« Ce n'est pas vrai… Il faut le retrouver !

— Son corps sombre. »

Je veux crier, mais tout se noue dans ma gorge. Après quelques secondes, je réussis enfin à demander :

« Et mes parents ?

— Tu les a quittés… Mais ce n'est rien !

— Rien ? !

— Tu les reverras…

— Laissez-moi les rejoindre !

— Impossible ! Pour l'instant, contente-toi de nous suivre. »

Un océan de larmes coule de mes yeux. Ce n'est pas vrai… c'est un cauchemar ! Je suis Anouk. Je dois dormir… Je veux me réveiller. Je veux me réveiller ! Une image traverse soudain mon esprit. Elle revient… s'y incruste. C'est le visage de la chaman qui me fixe.

« Ne crains rien, dit-elle. Tu as rendez-vous avec le rite. Je t'avais prévenue que tu serais la prochaine.

— Je suis Anouk ! Je vous en supplie ! Dites-moi que je rêve !

— Ce n'est pas un rêve. Laisse-moi te guider… »

À l'instant où la vision disparaît, une énorme quantité d'eau fait irruption dans ma bouche. Je m'étrangle, puis réussis à expulser le liquide.

« Comment trouves-tu ? me demande une voix plus aiguë.

— Comment… je trouve… quoi ?

— Le plancton ! Ce que tu viens d'avaler…

— Je… n'ai rien senti.

— Rien senti ? Elle n'a rien senti ! chante tout d'un coup la voix. Elle n'a rien senti ! »

Je suis consternée. Et si j'étais morte ? Si j'étais passée dans l'autre monde ? Mon corps flotte peut-être au fond de l'océan… Mais alors, est-ce que je pourrais… me mouvoir ? J'ai un corps, je le sens. Peut-on rêver et déplacer son corps en même temps ? Qui pourrait m'aider ? Où sont mes parents ?

« Ne t'inquiète pas… Je sais que c'est difficile pour toi de changer si vite de monde… Tu es triste, n'est-ce pas ?

— Si je suis triste ?… Je veux retrouver Yannis et mes parents ! Je veux retourner au bateau !

Expliquez-moi ce que je fais ici ! Je suis encore sous l'eau et je pense… je respire comme une humaine.

— Une humaine que tu n'es plus », corrige la voix.

Je commence à trembler.

« Une humaine… que je ne suis plus…

— C'est ça, que tu n'es plus… Au fait, je m'appelle Briséis. Je suis née il y a… comment dites-vous déjà ? Ah, oui… je suis née il y a six années. Six années humaines. »

Elle plonge dans l'océan, me laissant seule au milieu de la houle. Je regarde mon corps. Il est lisse ! Mes deux jambes se sont soudées en un muscle énorme. Mes bras aussi sont devenus autre chose que des bras : ils se sont élargis et durcis comme des nageoires. Je suis une baleine…

chapitre 11

« Une baleine !... Que s'est-il passé ? Yannis… Je veux retrouver la chaleur de tes bras. Tu n'es pas mort… ce n'est pas vrai. Réponds-moi ! »

Je ferme les yeux.

« Yannis, je t'en supplie ! Viens me délivrer de ce cauchemar ! »

Silence.

Alors je veux mourir… Me noyer comme toi…

Lentement, je vide mes poumons et me laisse glisser dans les profondeurs. Je vois défiler mes parents… les enfants de Thulé… les paysages de l'avion… Je viens te retrouver, Yannis…

Un cri strident déchire soudain le silence. Il provient du fond de l'océan. Qui me poursuit ? Des silhouettes s'approchent… Des orques épaulards ! Deux, trois… quatre, peut-être plus ! Au secours ! Des orques ! Ils me chargent et m'entaillent la chair ! J'ai mal. Pitié ! Papa ! Maman ! Je ne veux pas mourir comme ça… Mon sang coule… Je perds mes forces. Je vois la mort avec sa triste mélodie qui monte des océans… C'est une ombre gigantesque qui déchire les profondeurs et qui va m'emporter…

« Fuis ! » me dit l'ombre.

Une baleine ! Ce n'est pas la mort, c'est une énorme baleine !

« Fuis ! » répète-t-elle.

Elle fonce sur les orques et en assomme un d'un coup de queue. Les autres redoublent d'agressivité. Certains se glissent sous son corps et l'attaquent par-dessous.

« Plonge, me dit-elle. C'est ton seul espoir ! »

Un orque se retourne et m'aperçoit. La peur me glace… Je m'élance et transperce la nuit qui m'enveloppe. Fuir ! Fuir ! Partir loin de cette furie ! Combien de temps pourrai-je encore tenir ? Il faudra bien que je remonte pour respirer… Je commence à suffoquer… Soudain, deux, trois ombres me dépassent. D'autres baleines… Je crie :

« Les orques sont là ! Les orques sont là ! »

Aucune ne s'agite. Elles poursuivent leur route comme si rien ne les perturbait.

« Fuyez ! Les orques attaquent ! »

Elles ne répondent pas. De lourds remous bousculent soudain mon corps. C'est elle…

L'immense baleine passe à mes côtés, ses flancs couverts de sang. Son sourire immuable flanqué de ses gigantesques ailerons, elle avance tel un monstre sacré. À croire qu'aucune bataille ne l'a agitée, aucun danger, menacée. Elle s'éloigne en laissant échapper un chant que je reconnais.

« Ce chant… »

Elle ralentit sa nage et me dit :

« Les chamans du Grand Nord l'appellent le chant sacré, mais c'est un simple chant d'appel destiné aux humains qui nous rejoignent. Désormais, ne t'éloigne pas de nous. Tu éviteras de mauvaises rencontres… »

Abattue, je fonds en larmes.

« Je t'enseignerai comment revoir tes parents,

comment leur parler… Tu te familiariseras d'abord avec ta nouvelle forme, puis je t'apprendrai à communiquer avec les hommes.

— Je vous en supplie… Laissez-moi retourner chez moi !

— Tu n'es pas la seule, Anouk. Ni la première, ni la dernière. Beaucoup d'humains accomplissent le rite.

— Le chant, les apparitions de la chaman, l'eau qui coulait de mes oreilles…

— Des signes… Seulement des signes pour te prévenir. La chaman qui t'est apparue à plusieurs reprises travaille avec nous. Elle a le pouvoir de voyager dans une dimension qui n'est accessible qu'à certains initiés. Elle peut être perchée sur un rocher canadien et apparaître en même temps à Thulé. Tu comprendras peut-être cela un jour.

— Que voulez-vous faire de moi ?

— Tu t'es métamorphosée pour remplacer la baleine que tu as vue mourir.

— Pourquoi moi ?…

— Tu étais prête.

— Et Yannis !… Pourquoi ne l'avez-vous pas sauvé ?

— Il a choisi d'être à tes côtés sur le bateau. C'était sa volonté.

— Vous auriez pu le remonter à la surface, ou…

— Yannis est ailleurs en ce moment. Tu le crois réduit à néant parce que pour toi, la mort est la fin de toute chose. Mais la mort est seulement un passage. Rien ne disparaît. »

Elle accélère soudain sa nage et retourne à l'avant du groupe.

Les paroles de cette baleine ont un pouvoir étrange. Je renonce à rejoindre Yannis au fond de l'océan.

« Suis-nous, me dit soudain une petite baleine. Tu me reconnais ? Je suis Briséis… Dis-toi que ta métamorphose est une chance. Nous sommes ta nouvelle famille. Aie confiance…

— Ma nouvelle famille ? Et cette immense baleine qui m'a sauvée…

— C'est Grande-Mère, notre guide à toutes.

— Grande-Mère… »

Briséis s'éloigne et rattrape le groupe. Surprise, je reste seule un moment. Puis je décide de les rejoindre.

chapitre 12

« **Yannis... Que nous est-il arrivé ?** Qu'avons-nous fait pour mériter ce destin ? Je suis une baleine, Yannis, une baleine ! Si tu m'entends, quelque part dans l'océan, réponds-moi... Dis-moi quelque chose... Ne me laisse pas seule, je t'en supplie !

« Les chamans m'ont choisie, Yannis. Dis-moi ! Tu l'avais compris ? Yannis... Tu m'entends ? Tu m'entends ?

« Combien de temps vais-je rester dans cet océan ? Quand pourrai-je reprendre ma forme humaine ? Quand ? Les baleines prétendent que d'autres que moi subissent ce sort... que j'ai de la chance. J'ai peur, Yannis. Dis-moi que tu n'es pas mort… Dis-moi que je reverrai ma mère, mon père… tous ceux qui m'attendent à terre. Dis-le moi, Yannis ! Dis-le moi !

« Grande-Mère m'a dit que tu t'étais noyé… Je ne veux pas le croire. C'est trop horrible. Pas toi, Yannis ! Pas toi !

« Tu ne peux pas me laisser seule. On a tant de choses à vivre, toi et moi. Je voudrais que tout s'arrête, là, maintenant ! Je voudrais retrouver la chaleur de tes bras, tes baisers si doux. Dis-moi que c'est possible, Yannis ! Dis-moi qu'on va se retrouver après ce mauvais rêve…

— Ce n'est pas un mauvais rêve, Anouk. Ce que tu vis est LA réalité. »

Je me retourne et découvre Grande-Mère. Elle porte de nombreuses petites bosses sur la tête, disposées en trois rangées. Son ventre orné de taches blanches est parcouru de sillons et de plaies. Je m'approche et, du bout de mon aileron, je lui touche la poitrine.

« Vois-tu, dit-elle. Je suis bien réelle. »

Mon cœur s'effondre. Alors, sans que je le lui demande, Grande-Mère plaque son énorme corps contre le mien. Ses nageoires m'entourent pour me maintenir près d'elle.

« Laisse-toi aller, me souffle-t-elle. Laisse-toi aller… »

Tant de larmes sortent de mon corps…

« C'est bien… »

Grande-Mère me tient entre ses nageoires et me berce. Une onde de chaleur me traverse.

« Tout se passera bien, Anouk. Je te le promets… Tout se passera bien ! »

chapitre 13

Nous avançons lentement, d'une nage monotone. Je n'ai pas cessé de pleurer depuis le bercement de Grande-Mère. Il a fallu accepter mon sort, accepter que je ne vivais pas un rêve, que l'eau qui m'entourait était bien l'océan, que plus jamais je ne reverrais mes parents, qu'ils me croyaient morte… Grande-Mère m'a demandé de faire le deuil de Yannis. Je ne peux pas. Je ne veux pas. Je préfère m'imaginer, me persuader qu'il a échappé à la noyade. Et s'il s'était transformé en dauphin ? Oui… c'est ça ! Yannis est devenu un dauphin. Yannis est heureux.

Ce matin, j'ai aperçu des anges… des raies manta entourées d'un cortège de poissons. Je sais à présent reconnaître les voix des cinq baleines qui m'entourent. Celle de Briséis est presque enfantine, douce, féminine, celle de Grande-Mère semble surgir du fond de l'océan, comme un long écho envoûtant. Les voix des trois grands mâles sont plus difficiles à distinguer. Ils nagent ensemble, plus préoccupés de suivre leur itinéraire que de communiquer avec une nouvelle venue. J'ai quand même entendu leurs noms : le plus grand est Iseöl, le second est Trésyon, le troisième Oxian.

Mes plaies ont cicatrisé. Celles de Grande-Mère aussi. J'ai décidé de ne plus m'éloigner du groupe. Je sais ce qu'il peut m'en coûter depuis l'attaque des orques épaulards.

Pas une heure ne passe sans que nous croisions des déchets. Ce sont des plaques de polystyrène, des bouteilles, des emballages… Tout ça en pleine mer. Grande-Mère pointe parfois son nez hors de l'eau. Elle semble repérer les étoiles et la position du soleil.

Les étoiles… La constellation du Dauphin… Yannis… Je m'effondre ou me révolte chaque fois que je pense à lui. Rien ! Absolument rien ne peut justifier sa mort. Grande-Mère a beau me répéter que la mort n'est qu'un passage, que Yannis est parti vivre dans les étoiles, je refuse cette séparation. Je voudrais le revoir, le prendre dans mes bras, lui et mes parents…

« Je t'ai déjà expliqué que tout cela est possible, me confie Grande-Mère. Seules les barrières que tu t'imposes t'en empêchent.

— Quelles barrières ?

— Vouloir absolument tout savoir en est déjà une ! Au lieu de réfléchir sans cesse, apprends plutôt à bien mouvoir ton nouveau corps et utilise tes yeux et tes nageoires pour découvrir le monde qui t'entoure. »

J'ai parfois envie de rejeter Grande-Mère, comme il m'arrivait de rejeter maman quand j'étais humaine. Mes parents… Ils me manquent ! Pourquoi étais-je si dure avec ma mère ?... Je n'ai jamais su lui dire que je l'aimais… Grande-Mère m'a promis que je pourrai communiquer avec eux. Quand ? Comment ?

En contemplant le lever du soleil, ce matin, mon cœur est partagé entre deux sentiments : l'émerveillement et la tristesse. Le premier parce que je n'ai encore jamais vu le ciel s'embraser avec une telle force. La vie semble tout d'un coup exploser ! La tristesse, parce que je pense à la nuit où Yannis m'a embrassée pour la première fois, sur la petite plage d'Halifax. J'avais nagé dans l'obscurité et m'étais demandé ce que pouvait ressentir une baleine au lever du jour… À présent, je le sais. Je me sens désespérément seule et le vent est mon unique compagnon.

J'ai appris à me nourrir en utilisant une technique de chasse mise au point par mes amies : dès qu'un banc de petits poissons ou de krill est repéré, je sonde, puis remonte en spirale. En exhalant mon souffle, je crée un filet de bulles qui emprisonne mes proies. Il me suffit ensuite d'ouvrir ma bouche pour engouffrer la nourriture. Un premier coup de langue expulse l'eau à travers les longs poils de mes fanons. Un second rabat dans mon gosier les proies retenues. Grande-Mère semble heureuse de mes progrès.

« Tu ne me parles plus de tes parents ? me demande-t-elle entre deux plongées.

— Je pense à eux à chaque seconde…

— Ils pensent aussi à toi à chaque seconde… »

La voix de Grande-Mère est impressionnante. Elle dégage autant de tendresse que de puissance. Les autres membres du groupe ne me font pas cette impression. Chaque mot sorti de sa bouche a un poids qui me touche, une justesse qui me réconcilie avec quelque chose au plus profond de moi.

« Je leur envoie de bonnes pensées, me dit-elle.

— De bonnes pensées ?

— J'adoucis leur peine… car ils s'épuisent en remords. Ils s'en veulent de t'avoir perdue. Pourtant, ils ne doivent pas se sentir coupables. Lorsque vous serez prêts, tu leur expliqueras. »

Grande-Mère s'immobilise. C'est l'heure du repos, rythmé par le balancement des vagues. Le temps semble s'arrêter.

chapitre 14

Combien de jours se sont écoulés depuis ma chute du bateau ? Dix, vingt, trente, cinquante ? Que deviennent mes parents ? Où sont-ils à présent ? Quand pourrai-je les revoir ? Je commençais seulement à m'habituer à cette vie de cétacé et voilà que le doute revient avec son flot d'angoisses.

Mon corps m'est pourtant devenu plus familier. L'océan n'est plus ce gouffre terrifiant des premiers jours : il est devenu un terrain d'apprentissage. Mais je suis lasse. Nous nous reposons rarement et maigrissons à vue d'œil. Pendant la nage, je règle ma position en fonction de la course du soleil. Ce n'est pas difficile : il se lève sur mon flanc gauche et se couche sur mon flanc droit. La nuit, je dois faire attention à ne pas m'assoupir, car je risquerais de m'éloigner des autres. Je m'oriente en observant le ciel. Un des repères est l'étoile polaire, dans mon dos.

L'étoile polaire… Je me souviens soudain des paroles de Yannis sur les chamans du Grand Nord.

« Grande-Mère… Les hommes ont-ils toujours collaboré avec vous ? »

Elle ralentit sa nage et me répond :

« Tu as voyagé suffisamment longtemps à nos côtés pour comprendre ce que je vais t'expliquer… Nous avons guidé les humains à travers les temps. Certains peuplaient le pôle, où s'étendait autrefois une mer libre, poissonneuse, dégagée de toute glace. Ils ont parcouru à nos côtés les océans. Plus tard, des civilisations ont établi avec nos amis les dauphins et nous-mêmes des contacts très enrichissants. Mais cette relation étroite s'est évanouie au fil des siècles et s'est effacée de la mémoire des hommes.

— La mère de Yannis voulait publier un livre…

— Nous guidons Irini Aradès depuis plusieurs années dans ses intuitions. Mais pour elle, aujourd'hui, l'urgence est ailleurs… Nous l'aidons à surmonter la douleur.

— Grande-Mère… Vous voulez dire que tout ce que j'ai entendu de madame Aradès est juste ?

— Elle n'a mis le doigt que sur la partie émergée de l'iceberg. La Terre entre dans une ère nouvelle, Anouk, une ère où les consciences commencent à s'ouvrir. Ce qui était autrefois réservé à certains hommes est aujourd'hui accessible à des enfants comme toi. C'est un nouvel âge de liberté !

— Pourquoi les hommes ont-ils oublié ? Pourquoi vous avoir pourchassées et massacrées pendant des siècles ?

— Certains hommes ont conçu des machines qui ont décuplé leur pouvoir. Malheureusement, leur sagesse n'était pas plus grosse qu'un grain de sable… Entre leurs mains, les technologies modernes ont fait des ravages. Des centaines de milliers d'entre nous ont fini en brosses, corsets, savons, bougies, rouge à lèvres, crèmes, baumes… Mais le réveil a sonné. Chaque année, de nouveaux humains nous rejoignent et accomplissent le rite… comme toi. »

chapitre 15

Je possède deux trous au-dessus de la tête, des orifices appelés « évents ». Ce sont mes narines. Pendant le repos, je les laisse émerger pour pouvoir respirer. Quelques coups de queue me remontent à la surface lorsque mon corps s'enfonce trop. Quand je nage, je rejette d'abord l'air humide contenu dans mes poumons. Puis j'inspire un nouvel air avant de sonder profondément.

Les profondeurs… Comment expliquer ce que j'ai ressenti la première fois que j'ai plongé dans l'eau ? C'était comme une promenade, la nuit dans une forêt sous un ciel sans lune. Vous sentez la présence des arbres sans les voir… Des milliers d'êtres sont là, autour de vous, des insectes, des rongeurs, des batraciens, des mammifères, des oiseaux, et vous n'en voyez aucun… Un chant d'oiseau déchire parfois la nuit, suivi d'un autre qui lui répond, puis encore un autre à l'autre bout de la forêt. Vous savez que la forêt est vivante, mais vous ne voyez rien ! C'est à peu près ce que je ressens lorsque je plonge. L'obscurité envahit tout. Des poissons silencieux m'entourent. Des cachalots émettent parfois des chants plaintifs, mais où sont-ils ? Quelque part dans un rayon de plusieurs kilomètres…

Grande-Mère, Iseöl, Oxian, Trésyon, Briséis et moi devons ressembler à six gros vaisseaux spatiaux perdus dans l'univers.

Pour l'instant, il m'est impossible de plonger au-delà d'une certaine profondeur. Briséis est chargée d'attendre avec moi que Grande-Mère et les autres amorcent leur remontée.

« Je n'arrive pas à vous suivre. J'ai beau faire tous les efforts possibles, je reste bloquée, comme si mon corps résistait.

— Ton corps se contente d'obéir à ce qui te dirige, répond Grande-Mère. Et ce qui te dirige, aujourd'hui, ce sont principalement tes peurs, celles qui te torturent, qui te rattachent à ton passé, à ta vie sur terre. Tant qu'elles seront présentes, tu auras des difficultés à nous accompagner. »

Grande-Mère m'apprend à reconnaître à distance certains mammifères marins, notamment les cachalots avec leur panache incliné. Mais, de tous les cétacés rencontrés, ma préférence va aux dauphins. Comment oublier leur comportement à Halifax, le plaisir qu'ils manifestaient en s'approchant de moi ? Cette complicité était-elle un signe ?

« Ils savaient que tu allais nous rejoindre, me dit Briséis. Et ils fêtaient cela à leur manière. »

Le corps dressé à la verticale, les dauphins nous donnent tout à coup un concert de petits cris.

« Jouons à attrape-poisson », propose l'un d'entre eux.

Il tient un mulet dans sa bouche et nous devons essayer de le lui chiper. Je souris. Le premier sourire depuis bien longtemps.

« À bientôt… nous disent-ils en s'éloignant…

à bientôt… et félicitations, Anouk… tu es vraiment très douée, pour une ancienne humaine ! »

Je suis consternée.

« Comment savent-ils ? Ils nous ont entendues ?

— Tu sais, les dauphins devinent beaucoup de choses. Ils lisent dans les mémoires. Rien ne leur échappe… un peu comme nous, sauf qu'ils sont aussi rapides et légers que nous sommes lents et lourds. On se complète bien. »

Grande-Mère n'est pas surprise lorsque je lui parle des sons chaotiques qui me parviennent depuis quelque temps.

« Ça ne ressemble pas aux chants des mâles, Grande-Mère. Il s'agit d'autre chose. »

Je la sens plutôt heureuse.

« Nous allons faire un petit crochet, dit-elle. Tu comprendras mieux. »

D'un large coup de queue, elle incurve la trajectoire du groupe. Nous allons à présent en direction du soleil couchant.

Les sons que j'entendais tout à l'heure s'amplifient. J'en ai presque mal à la tête ! Nous nageons jusqu'à la tombée de la nuit, jusqu'à ce que l'horizon se charge de mille petites lumières, comme si toutes les étoiles du ciel s'étaient donné rendez-vous sur la côte.

« Grande-Mère, c'est un spectacle que je n'avais encore jamais vu !

— C'est New York ! répond-elle.

— New York ? »

Mon cœur se serre. De ma mémoire surgissent les visages de mes parents. Je les vois s'embrasser, m'offrir des cadeaux le jour de Noël à l'occasion d'un voyage dans la mégapole américaine.

« Les sons que tu entends proviennent des millions d'humains qui habitent cette ville. Tu ne perçois pour l'instant qu'un brouhaha, un bruit de fond, mais c'est déjà bien. Tu progresses vite ! Tu apprends peu à peu à utiliser tes deux cerveaux.

— Mes deux cerveaux ?

— Tous les mammifères ont deux cerveaux : un gauche et un droit. La plupart des humains n'utilisent que le gauche. Chez nous, baleines et dauphins, les deux cerveaux travaillent ensemble. Le seul moment où nous n'en utilisons qu'un, c'est lorsque nous dormons.

— Tu veux dire que les humains dorment toute leur vie ?

— C'est un peu l'impression qu'ils nous donnent. Lorsque tu auras appris à harmoniser tes deux cerveaux, tu pourras choisir les humains avec qui tu voudras communiquer. Des fils invisibles te relieront directement à leur glande pinéale[1]. En ce moment, tu es comme un bébé qui découvre le monde : tu attrapes tout ce qui passe, sans distinction. Mais plus tu t'entraîneras, mieux tu sauras te diriger dans le monde des ondes.

— Je pourrai communiquer avec mes parents ?

— S'ils le désirent eux-mêmes… oui. Sache que nous ne nous introduisons jamais par la force dans l'énergie des êtres. Essaie d'abord de diriger ta pensée vers eux, de les visualiser… »

Sur ces paroles, Grande-Mère bâille un grand coup et plonge dans l'océan.

Communiquer avec mes parents ! Leur témoigner que je suis vivante ! Le fossé qui me sépare d'eux me fait soudain moins peur.

Yannis… J'ai tant besoin de te savoir en vie.

1. Glande hormonale située dans le cerveau, appelée également épiphyse.

Que tu sois dans l'océan ou dans les étoiles… montre-toi ! Laisse-moi revoir ton visage une fois, rien qu'une fois… Je ferme les paupières, mais ni ses yeux, ni sa bouche n'apparaissent. Ma conscience est un tableau noir désespérément vide.

« Yannis est trop loin, me dit Grande-Mère. Ne brûle pas les étapes… »

chapitre 16

D'exercice en exercice, je parviens à progresser. Le moment le plus propice à la concentration est celui de la plongée. Dans l'obscurité des profondeurs, le rythme cardiaque ralentit.

« Seuls le cœur et le cerveau sont alors alimentés en oxygène », me dit Briséis.

Je ne réussis pas à accompagner mes amis en dessous d'une soixantaine de mètres. Toujours la peur… Mais une fois atteinte cette profondeur, je peux y rester plusieurs minutes. Là, dans le bleu-noir absolu, j'arrive peu à peu à sélectionner les sons et les images sur lesquelles je veux intervenir. Je dompte le brouhaha initial pour en extraire les informations qui m'intéressent, et ce, dans un but unique : entrer en contact avec mes parents. Briséis m'a conseillé de visualiser un moment particulier qui m'avait marquée lorsque j'étais encore avec eux.

J'ai aussitôt repensé à ce magasin de New York dans lequel ils s'étaient embrassés. Je devais avoir sept ans.

À force de concentration, l'image prend vie. J'ai vraiment l'impression de replonger dans cet instant : le tumulte des clients, les chants de Noël, le train électrique qui tourne devant mes yeux. Ils s'embrassent… se retournent et me cherchent. Je demande à les visualiser aujourd'hui. Les images défilent comme un film en accéléré. Les anniversaires… les Noëls… Thulé… l'accident… la douleur.

Mon père est seul dans notre maison d'Halifax. Il est terriblement meurtri. Ma mère n'est pas là. Elle a déménagé chez des amies dans la ville de Québec. Elle est recroquevillée sur un lit devant ma photo, de gros cernes autour des yeux. Je sens que la peine la ronge chaque jour un peu plus. Elle pense souvent aux parents de Yannis : Irini Aradès, prostrée dans la douleur, son mari, qui essaie de retrouver le réconfort auprès des dauphins. Maman se lève et s'approche de la fenêtre. Dehors, la vie se déroule comme si rien n'avait changé. Les voitures klaxonnent, les passants se bousculent, la pluie tombe... Ma mère n'a plus cet entrain que j'adorais chez elle. Elle m'a perdue.

« Qu'est-ce que tu attends ? me dit Briséis. On retourne à la surface. »

Juste avant d'amorcer la remontée, j'envoie des pensées positives à mes parents. Je sens qu'ils en profitent déjà.

Mon père va téléphoner à un ami pour se changer les idées. Maman ose un léger sourire, pour la première fois depuis le drame.

Tout là-haut, j'aperçois la lumière. D'abord vague, puis de plus en plus présente. Le bleu du ciel remplace la pénombre, de multiples poissons gesticulent à notre passage. La chaleur, enfin, émoustille nos narines.

« Grande-Mère ! Je les ai vus !

— Bravo !

— Ils ne vont pas bien... Je crois que maman a quitté le centre de recherches où elle travaillait avec papa...

— Ta disparition les a séparés.

— Séparés ?

— C'est une épreuve très dure pour eux. »

Je ne peux pas imaginer qu'ils se soient quittés.

« Grande-Mère... Je vais leur envoyer à nouveau des pensées. Je leur en ai déjà adressé un peu et depuis, il m'a semblé qu'ils allaient mieux. Mais c'est encore trop étrange pour moi... Je n'arrive pas à comprendre comment j'ai pu entrer en contact avec eux.

— On y parvient à force de travail. Bientôt, ce sera pour toi un exercice spontané.

— Toi, Grande-Mère, tu utilises toujours tes pensées ?

— Chaque fois que je plonge, j'en profite pour "consulter mon courrier". Une multitude de vies humaines, animales, végétales font appel à nous. Leur inconscient émet des vibrations que je recueille. Je leur réponds par messages codés, dans leurs rêves... dans des visions éveillées. Tout dépend des situations.

— Ça signifie que tu dois toujours être disponible... »

Grande-Mère m'adresse un sourire large comme une pirogue.

« Tu as tout compris…

— Mais tu ne t'épuises pas, à force de donner ?

— Beaucoup d'êtres passent leur existence à dérober les énergies de leurs voisins parce qu'ils ont peur d'en manquer… ou d'être épuisés. Pour cela, ils humilient leurs frères, les jugent, les culpabilisent, les séduisent, les soumettent. De vrais requins ! Ils aiment faire peur pour sucer l'énergie des autres… un peu comme des vampires. Pourtant, s'ils regardaient le monde avec d'autres yeux, ils découvriraient que l'énergie existe en abondance. L'abondance est là, autour d'eux… et ils ne la voient pas.

— L'abondance ?

— Un banc de plancton ! crie soudain Briséis. Là-bas, vers Iseöl et Oxian ! »

Le groupe se précipite. Les bouches s'ouvrent comme de gigantesques épuisettes. Le festin peut commencer…

chapitre 17

À chaque plongée, mes pensées vont à mes parents. Je sens au fond de moi que je les nourris d'une énergie qui les apaise. Hélas… Ils culpabilisent et les remords les paralysent. Ma mère essaie de « refaire surface » dans un autre univers. Je sais à présent qu'après le drame, les secours ont tenté vainement de retrouver mon corps et celui de Yannis. Mon père s'est enfermé dans un silence total… Ma mère ne l'a pas supporté. Le choc de ma disparition a eu raison de leur couple.

Mes amis les dauphins sont réapparus. Ils nous accompagnent vers les mers du Sud.

Maintenant que je suis plus sensible aux énergies qui m'entourent, je réalise combien leur gaieté me régénère. Monsieur Aradès avait raison. Ils semblent ne jamais avoir de soucis, ne jamais avoir peur. Ils surfent sur les vagues, ou plutôt avec les vagues, tant ils aiment épouser les moindres ourlets de la mer. Comment font-ils pour être toujours au plus près de l'océan ? Est-ce le résultat d'une vigilance de tous les instants ? Un abandon permanent ? À chacune de leurs apparitions, je reçois une pluie d'ondes fines et légères. Ils sont libres et cette réalité me touche.

« Anouk ! Anouk ! chantent-ils. Tu veux jouer ?

— À quoi ?

— À dauphin-chat, avec Briséis…

— Vous allez vous ennuyer, vous gagnez toujours…

— On jouera au ralenti ! » répondent-ils en riant.

L'un d'eux s'approche et me touche le ventre.

« Touché ! À toi ! »

D'un petit coup de queue, je réussis à lui frôler un aileron.

« Pas mal ! lance-t-il en partant à la poursuite de Briséis.

— Je ne joue pas, dit celle-ci. Je suis trop fatiguée.

— On peut s'amuser sans passer forcément par des exercices physiques, intervient un dauphin. Je connais des jeux qui exigent seulement une agilité mentale. »

Je suis plutôt curieuse :

« Une agilité mentale ?

— Il existe un jeu vraiment très simple, explique un dauphin. Je commence par dire un mot et mon voisin continue en en prononçant un autre. Celui qui ne trouve plus de mots a gagné.

— C'est amusant ! s'exclament ses amis.

— Prêts ? demande le premier dauphin.

— Attendez ! Ça risque de durer longtemps ! »

Mes compagnons de jeu ne m'entendent pas. L'un d'entre eux saute hors de l'eau, exécute une magnifique pirouette et laisse échapper, en retombant :

« Dauphin !

— Rires ! répond aussitôt un autre.

— Taquin ! » continue un troisième.

Les mots rebondissent autour de moi comme une balle de ping-pong : sardine… amour… crevette… liberté… requin… sourire… homme… mouette… bébé… plage… goutte… lune.

Le débit est de plus en plus rapide : parapeur… filet… brisenuit… doux-sœur…

Je n'arrive plus à décrypter leur sens : guérisis… gerhom… lunour… sol-ail…

« À toi, me lance soudain un dauphin. Pas toujours nous ! »

La ronde des mots m'a donné le tournis. Plus je réfléchis, plus ils se dérobent. Je me vois sur une plage jonchée de lettres. Je les ramasse, essaie de les assembler, mais chaque fois que je veux prononcer les mots que je forme, le souffle de ma respiration les disperse. Je renonce…

« Elle n'a plus rien à dire… Elle a gagné ! déclare un dauphin.

— Elle a gagné ! reprennent en chœur les autres. Elle est très forte ! On reviendra s'amuser… »

Je voudrais leur dire de rester, de continuer à jouer, mais les mots se perdent dans le désert de ma gorge.

« Les dauphins sont très malins, me dit Grande-Mère. Ils ont déboussolé ton mental pour qu'il devienne plus humble…

— Plus humble ?

— Le mental habite dans le cerveau gauche. Sa spécialité est de décortiquer les choses. Il analyse et calcule… Chez toi, il a tendance à se prendre pour le grand chef.

— Le grand chef de quoi ?

— Il étouffe ton cerveau droit, où siège l'intuition. Mais comme je te l'ai déjà dit, ce sont les séquelles de ton fonctionnement humain. C'est un bon collaborateur, mais il ne doit pas se prendre pour le maître. »

Grande-Mère ne veut pas m'en dire plus. Je remarque qu'elle n'aime pas les longs discours. Lorsque je l'agace un peu trop, elle me fait remarquer qu'un bébé n'a pas besoin de cours particuliers pour naître…

Ces jours-ci, la mer se déchaîne. Les vagues montent très haut dans le ciel. Briséis utilise une belle expression pour évoquer les tempêtes : elle dit que la Terre a mal au ventre. Je ne vois pas le temps passer durant la journée. La nuit des plongées succède à la clarté des vagues. L'expression « à l'air libre » ne convient pas aux baleines. Les profondeurs de l'océan procurent un sentiment de liberté aussi fort, sinon plus, que les bains d'air pris en surface. Je demande un jour à Briséis :

« Pourquoi êtes-vous retournées dans la mer après avoir vécu des millions d'années sur la terre ferme ?

— Pour avoir la paix ! me répond-elle. Je te taquine, mais c'est vrai que la transmission de pensée nécessite un état de paix.

— C'est pour cette raison que vous plongez dans l'eau ?

— Arrivée à une certaine profondeur, je m'immobilise et j'attends. C'est bon, le silence… On retourne à soi, calmement. Dès que je suis prête, je voyage en pensée. En ce moment, je visite les pouponnières.

— Les pouponnières ?

— J'aide les enfants qui viennent de naître. Je veille à ce que leur système pulmonaire se développe correctement. C'est très important pour leur éveil.

— Comment fais-tu ?

— Les êtres humains, comme tous les êtres de l'univers, sont constitués d'une multitude de vibrations, des plus denses aux plus fines. Nous les aidons à accueillir leur lourdeur et à la transformer… Évidemment, tu ne me crois pas. »

Je repense aux paroles de madame Aradès concernant l'initiation des humains par les cétacés.

« Je ne sais pas… Je ne sais plus… »

Les instants où je me suis sentie libre et légère sont ceux que j'ai passés aux côtés de Yannis. Son regard, ses lèvres sensuelles, son sourire espiègle, ses mains chaudes… tout en lui m'incitait à m'envoler… Je me souviens de mes mains enserrant son corps sur la mobylette, cette sensation de caresser le bonheur, de parcourir le monde en s'abandonnant à lui. Briséis me parle de lourdeur à transformer… mais quel sens a la vie en l'absence de l'être aimé ?

chapitre 18

La mer se déchaîne de plus en plus au-dessus de nos têtes. Je me laisse bercer par les secousses de la houle, lorsque des appels de détresse viennent bousculer ma langueur.

Je perçois des vibrations incohérentes, puis des sortes de cris stridents. Spontanément, je me laisse remonter à la surface et découvre une mer comme jamais je n'en avais vue. Je ne suis qu'un fétu de paille comparée à ces montagnes d'eau qui se soulèvent. Les cris continuent de résonner dans ma tête, de plus en plus perçants. Un drame se déroule non loin de moi, mais où ? Peut-être devrais-je arrêter de me poser des questions ? Je décide de donner le relais au cerveau droit… De puissants battements de queue me propulsent à quelques dizaines de mètres sous l'eau, là où les mouvements de la mer se font moins ressentir. Quelque chose se déclenche alors… Quelque chose qui me surprend au début, mais que je ne cherche pas à contrarier.

Une respiration intérieure se met en place, différente de celle que j'ai pris l'habitude de pratiquer à l'air libre. Mes deux cerveaux semblent s'unifier pour me guider… Les battements de mon cœur ralentissent, comme à chaque plongée, mais cette fois-ci une énergie d'une nature inconnue s'empare de ma volonté. Je pourrais la refouler, mais je l'accueille… Je sens que l'heure est venue de lui faire confiance.

J'avance, comme attirée par un aimant, et refais surface en pleine tempête… à quelques mètres d'un voilier retourné. Les cris de détresse se sont tus.

Je nage autour du bateau, mais ne distingue aucune silhouette humaine. Les vents sont terribles. Je décide d'inspecter les eaux sous la coque.

« Anouk ! Anouk ! »

Qui m'appelle ? Je me retourne et vois arriver une dizaine de dauphins… ceux-là mêmes qui s'étaient amusés avec moi.

« Anouk ! répètent-ils. Tu as entendu les appels, toi aussi ?

— Oui, mais… »

Je n'ai pas le temps de finir ma phrase. Ils m'entraînent un peu plus en profondeur, là où la lumière et l'obscurité bataillent pour délimiter leur territoire… un territoire toujours mouvant, soumis aux caprices du ciel, aux passages des bancs de poissons, à la pollution de l'eau superficielle.

« Regarde ! »

À quelques mètres devant moi, une étrange silhouette apparaît : il s'agit d'un poisson… non, d'un dauphin… un corps de dauphin en formation. Sa queue est parcourue par un sillon sur toute sa longueur. Je remarque ses yeux plissés. Ils me rappellent ceux d'un bébé qu'on aurait tiré du ventre de sa mère. Soudain, ma gorge se serre. Les deux nageoires pectorales sont deux bras repliés sur eux-mêmes…

« Où suis-je ? demande le mystérieux dauphin. Mon bateau ? Où est mon bateau ?

— Au-dessus de toi… répondent mes amis.

— Je dois remonter… je ne peux pas le laisser comme ça.

— Viens te joindre à nous… Que veux-tu faire à présent d'un bateau ?

— Je… »

Le naufragé croise mon regard.

« Une baleine ! Mais… qu'est-ce qu'il se passe ici ? Je dois prévenir les gardes-côtes… Où est la radio ?

— Ne te soucie plus de ce qui se passe là-haut, lui conseillent les dauphins. L'un des nôtres s'est échoué il y a deux jours et tu as été désigné pour le remplacer. Une nouvelle vie s'ouvre à toi ! Tu ne t'imagines pas la chance que tu as…

— La chance ? manque de s'étrangler le nouveau dauphin.

— Oui… la chance. Les fonds sous-marins auraient pu être ta dernière demeure. »

Il me regarde avec des yeux incrédules. J'ai la pénible impression de revivre la déchirure de mon accident.

« Mais… ceux qui m'attendent là-haut… il faut les prévenir… Je ne peux pas partir comme ça…

— Ils seront prévenus, répondent les dauphins. Et tu pourras les revoir.

— Les revoir ?

— Nous te l'avons dit : une autre vie s'ouvre à toi. Fais-nous confiance… Suis-nous ! »

Les dauphins s'approchent et lui donnent quelques petites tapes amicales. Puis ils s'éloignent prestement.

« À bientôt, Anouk, à bientôt ! »

Le nouveau dauphin jette sur moi un regard d'impuissance.

« J'étais un homme, murmure-t-il, un homme…

— La vie a d'autres projets pour toi, des projets qui te dépassent encore… Fais-leur confiance. »

J'ignore comment ces paroles sont sorties de ma bouche, mais je les ai prononcées. Et le bien qu'elles font à ce naufragé apaise mon propre cœur.

chapitre 19

Enfin les mers du sud ! Grande-Mère ralentit sa nage et inspecte les silhouettes des îles qui se dressent devant nous. Ce sont les Antilles et leurs baies accueillantes.

« Nous sommes parties du Grand Nord en septembre, me dit Briséis. Cela fait trois mois humains que nous voyageons. Plus de six mille kilomètres en trois mois… pas mal, non ? »

Les mâles chantent puissamment et battent la surface de l´eau.

« Ils sont toujours très démonstratifs ! » sourit Briséis.

Bientôt, des dizaines de baleines se joignent à nous, heureuses de retrouver ceux et celles qu'elles avaient quittés quelques mois plus tôt. Voici Cleysia, qui a manqué de se tuer durant le voyage en restant prisonnière d'un filet dérivant. Ce sont des humains qui l'ont aidée à se dégager. Son amie Yeolle n'a pas eu cette chance : elle s'est noyée.

« Je l'ai vue se débattre dans les filets, raconte Cleysia, la mort dans l'âme, mais je n'ai rien pu faire. »

Xirun, un baleineau, se plaint de brûlures depuis qu'il a eu la malchance d'ingurgiter des produits chimiques.

Je suis la principale attraction du groupe. Les baleines m'approchent, tournent autour de moi, visiblement intriguées.

« Elles ne te poseront pas de questions, m'avait prévenue Grande-Mère. Elles savent que je t'ai adoptée. »

C'est vrai qu'aucune ne fait allusion à mes origines. Je participe aux repas en commun et apprends les noms de toutes ces cousines.

« Finies les dures journées de voyage, lance Briséis. Maintenant, on peut profiter du soleil ! »

Nous alternons plongées studieuses et jeux

dans les vagues. J'en profite pour découvrir d'autres habitants des lieux. C'est d'abord Galba la tortue, avec son énorme carapace sur le dos. Elle m'explique de sa voix chevrotante comment elle a été dérangée par les hommes lors d'une précédente ponte. Elle ne s'emporte pas, ne se fâche pas. Les malheurs ne semblent pas avoir prise sur elle.

Un peu plus près du rivage, une pieuvre sort de son trou. Je ne peux m'empêcher de l'approcher, malgré les avertissements de Briséis. Me voilà enveloppée dans un nuage d'encre noire ! Un bruit de moteur retentit soudain.

« Ce sont des humains, me lance Briséis… Plonge !

— Pourquoi ?

— Parce que… Plonge ! »

Elle respire un grand coup et disparaît sous les flots.

« Des humains ! »

Tout mon corps frémit.

« Regardez, crie une voix, celle-ci ne plonge pas…

— Arrêtez les moteurs… Nous allons l'approcher en douceur…

— Maman… Maman… elle a quel âge ?

— Je ne sais pas, Peter, peut-être quatre ou cinq ans…

— Elles vivent combien de temps, les baleines ?

— Elles peuvent vivre plus de trente ans, je crois, répond un homme.

— On dirait qu'elle a une bosse…

— C'est une jubarte.

— C'est bizarre, dit une autre voix, une baleine toute seule aussi docile… On dirait qu'elle n'a pas peur de nous.

— Ne te penche pas, Peter, c'est dangereux !

— Ne criez pas comme ça ! Regardez, elle s'éloigne… elle va sonder.

— Dis-lui au revoir, Peter…

— Au revoir, baleine… au revoir…

— C'est drôle, elle sort sa nageoire de l'eau… on dirait qu'elle nous salue…

— Je vous l'avais dit, elles ne sont pas bêtes du tout, ces baleines… »

chapitre 20

La rencontre de ces humains a ravivé de funestes souvenirs. Je replonge en me remémorant le visage de Yannis… ceux de mes parents. Je voudrais refermer ces blessures, oublier la cruauté de ces séparations, mais la douleur est toujours aussi vive. Je sais que c'est elle qui m'empêche d'accompagner mes amis au fond de l'océan. Arrivée à une certaine profondeur, je suffoque… l'air me manque et je panique. En rassemblant toute ma volonté, je parviens pendant quelques secondes à visualiser mes parents, mais ça ne me satisfait pas. Grande-Mère n'est pas dupe. Elle comprend mes tourments.

« Anouk ! lance-t-elle tout d'un coup. Suis-moi ! »

Elle me conduit dans une baie peu profonde. J'y découvre Briséis, qui se concentre intensément. Son attitude m'étonne.

« Pourquoi s'est-elle écartée du groupe ?

— Ouvre bien tes yeux », me dit-elle.

Briséis est immobile. L'arrière de son corps commence à trembler. L'amorce d'une petite queue apparaît lentement.

« Elle met un bébé au monde !

— Chez nous, on dit : remettre son bébé au monde, comme une offrande, un cadeau à la vie.

— Mais elle ne m'a jamais dit qu'elle était enceinte !

— Elle voulait te faire une surprise… »

Me reviennent les paroles de ma mère au sujet de mes règles… de mon corps qui changeait : désormais, tu peux avoir des enfants, m'avait-elle dit.

Je verse des larmes. Je ne suis pas Anouk. Je ne me sens pas vraiment une baleine. Que suis-je devenue ? Je voudrais hurler de désespoir, là, maintenant… Mais le spectacle de cette naissance atténue ma détresse. Le baleineau sort du corps de Briséis. Celle-ci le pousse doucement vers la surface, où il prend sa première inspiration.

« Son premier contact avec l'air… » dit Grande-Mère.

À tâtons, le petit découvre rapidement les deux mamelons de sa maman. Ils sont cachés sous un repli de la peau, au niveau du ventre. Briséis se couche sur le côté et maintient le bébé entre ses nageoires. À présent, elle lui donne son lait en l'envoyant sous pression.

« Les bébés baleines sont très voraces ! sourit Grande-Mère. Tu verras, celui-ci va doubler son poids en une demi-lune.

— Je peux l'approcher ?

— Bien sûr… sans trop l'effaroucher. »

Briséis est heureuse de me voir.

« Regarde comme il est beau ! me dit-elle. Il doit faire une bonne tonne et demie…

— Quel nom vas-tu lui donner ?

— Orlane », répond Briséis.

Grande-Mère me demande :

« As-tu remarqué ce qui s'est passé lorsque le bébé est sorti du ventre de Briséis ?

— Oui… Je crois que… il était dans une poche qui s'est déchirée.

— Comme tous les passages, la naissance est un événement merveilleux, conclut Grande-Mère. Mais elle s'accompagne toujours d'une déchirure, une déchirure qui cicatrise un jour ou l'autre. Il faut être patient, Anouk… Songe bien à cela. »

chapitre 21

Les paroles de Grande-Mère m'ont apaisée. À chaque plongée, je prends contact avec mes parents et leur adresse des paroles de réconfort. Bizarrement, je ne m'épuise pas. J'ai parfois l'impression d'être simplement le canal d'une énergie qui me traverse. Je sais que mes parents ne m'entendent pas, comme on pourrait le dire d'une personne qui écoute avec ses oreilles. Mais ils captent avec leur inconscient les messages que je leur envoie. J'en ai la preuve : pendant l'une de mes apnées, j'ai demandé à voir ce que devenait mon père… où il vivait, à présent… ce qu'il faisait dans son quotidien.

Je l'ai vu dans son bureau, s'affairer sur l'hypothèse des perturbations magnétiques concernant l'échouage des baleines. Il s'agrippe à son travail comme à une bouée de secours. Maman lui manque terriblement. Il semblait quand même plus reposé que lors de ma dernière « visite ». J'ai surtout été émue par la figurine qu'il a posée sur sa table de chevet : Crialéis, ma baleine fétiche, celle que m'avait offerte Yannis. Je suis étonnée car ni lui ni maman n'avaient voulu les toucher depuis ma « mort ». Ma mère profite aussi des bienfaits de mes pensées. Elle téléphone un peu plus souvent à papa. Récemment, ils se sont dit qu'ils pourraient peut-être se retrouver à l'occasion d'opérations de sauvetage. Papa était fou de joie. Lorsqu'elle rentre chez ses amis, dans la banlieue de Québec, maman met son casque sur ses oreilles et écoute des chants de baleines, comme pour m'inviter à l'aider davantage…

En Grèce, les parents de Yannis commencent lentement à reprendre goût à la vie : Irini en travaillant sur son livre, Nikos au contact des dauphins.

Ni ma mère, ni mon père ne savent où je suis. Ils m'imaginent avec les ailes d'un ange, alors que je suis avec deux ailerons dans l'océan. J'aimerais qu'ils se retrouvent, qu'ils se pardonnent, qu'ils se serrent à nouveau l'un contre l'autre.

La nuit est tombée sur les eaux chaudes des Antilles. Grande-Mère, Briséis, Orlane et les autres flottent à mes côtés, paisibles îlots dormants. Durant ces longs instants, j'ai parfois l'impression d'être aussi vaste que l'océan. Les étoiles sont si proches qu'un simple coup de queue suffirait à les éclabousser. Pour la première fois depuis longtemps, je prends le temps de scruter le ciel. Je le vois se couvrir de guirlandes lumineuses reliant les étoiles les unes aux autres. Sur ces guirlandes glissent des milliers de lueurs flottantes…

Un jour, j'ai aperçu sur ce fond étoilé un visage. D'abord flou, puis de plus en plus distinct. Deux yeux me contemplaient… Ça n'a duré que quelques secondes, mais j'ai eu le temps de reconnaître les traits. Je n'ai pas pu m'empêcher de pleurer.

C'était le visage de Yannis… Depuis ce jour, je sais que Grande-Mère a dit la vérité : Yannis a rejoint les étoiles. Et cette certitude a apaisé mon cœur.

Certains de nos amis ne se reposent pas. Priteus, par exemple, a décidé de faire la cour à une congénère qui vient de nous retrouver. Mais il n'est pas le seul prétendant. Un rival s'avance en soufflant bruyamment. Priteus tente d'abord de l'impressionner en dressant devant lui un filet de bulles. Puis il sort le grand jeu en crevant l'océan comme une torpille. Ses ailerons blancs lui donnent une allure d'oiseau… mais il retombe bien vite, tel un gros mammouth au milieu d'une gerbe d'écume. Son adversaire lui répond en frappant de sa queue la surface de l'eau. Puis il télescope Priteus en lui lacérant le ventre avec les coquillages fixés sur son corps. Rendu fou furieux par ses blessures, Priteus propulse ses quarante tonnes hors de l'eau et assène à son tour un magistral coup de queue. À moitié K.O., l'autre abandonne. Le vainqueur saute deux ou trois fois en chandelle et rejoint sa nouvelle compagne, qu'il tente aussitôt de soumettre à son autorité.

« Sacré Priteus ! soupire Grande-Mère. Il faut toujours qu'il se batte ! Il va continuer à exercer sa force sur sa partenaire pour obtenir ce qu'il veut. Vois-tu, Anouk, cet amour-là est possessif…

— Possessif ?

— Le véritable amour ne domine pas et ne limite pas. Il rend libre. »

Le temps a passé très vite près des îles. Les baleineaux nés dans les eaux tièdes ont grossi énormément. Ils sont à présent en âge de parcourir de longues distances. L'hiver s'est endormi, le printemps a sorti son nez… Orlane, calé sur le dos de Briséis, a appris à nager sans effort. Aussi taquin que les dauphins, il s'est amusé longtemps à tambouriner le dos de sa mère. S'il a pris énormément de poids, Briséis, Grande-Mère, les trois mâles et moi avons en revanche « fondu » au soleil… L'été approche et le temps de partir est arrivé.

« Les crevettes nous attendent au pôle ! » s'écrie Oxian.

La plupart des baleines sont inquiètes et nerveuses. Elles soufflent bruyamment, claquent de la queue et des nageoires. Grande-Mère arbore son sourire des grands jours. Elle s'éloigne seule en direction du nord, bientôt suivie de notre groupe.

chapitre 22

Nous remontons vers le pôle. Cette fois-ci, le soleil se lève sur mon flanc droit et se couche à gauche. Orlane découvre l'océan, la fatigue du parcours, les longues journées de nage. C'est sa première migration. Il est heureux, car Briséis lui a révélé qu'au bout du voyage l'attend un paradis blanc où se bousculent des tonnes de crevettes.

« Il y en a vraiment tant que ça ? demande-t-il.

— Il suffit d'ouvrir la bouche pour se servir », répond sa mère.

Lorsque il est fatigué, Briséis n'hésite pas à lui raconter l'histoire suivante :

« Il y a des millions d'années, juste après que les baleines aient décidé de se tourner vers les océans, un baleineau s'est perdu. Il a erré tout seul jusqu'à ce qu'il décide d'émettre une mélodie. Jamais les baleines n'en avaient entendu une aussi belle. Ce chant avait le pouvoir de traverser les océans. Il se répandait librement sur les continents et gagnait même les étoiles. Rien ne l'arrêtait… Toutes les baleines, en l'entendant, se mirent à nager vers le baleineau. Voilà comment fut émis pour la première fois notre chant de ralliement. »

Orlane s'empresse de l'apprendre.

« Je te conseille aussi de retenir ce chant », me dit Grande-Mère.

Je m'entraîne chaque jour à chanter, mais l'enthousiasme me manque. Lors de mes plongées, les bruits de fond de New York viennent à nouveau perturber ma concentration. La grande ville ne cesse de me rappeler les moments passés avec mes parents… Je suis mélancolique. J'aimerais être plus forte, accepter une bonne fois pour toutes que ma vie se déroule aux côtés de Grande-Mère, parmi les baleines qui m'ont accueillie.

« Grande-Mère…

— Oui, Anouk…

— Je n'arrive pas à m'éloigner du passé. Il me poursuit…

— Tu entends les clameurs de New York… C'est ça ?

— Je voudrais que mes parents se retrouvent. Et puis je me sens encore tellement humaine… »

Je sens Grande-Mère très soucieuse. C'est la première fois qu'elle me donne l'impression de devoir prononcer des mots qu'elle redoute.

« Le temps est venu… déclare-t-elle soudain. Mais je dois te prévenir que ce que tu vas vivre comporte des risques. »

J'écarquille les yeux.

« Des risques ?

— Oui, des risques. Tous les humains qui nous rejoignent subissent un jour ou l'autre cette épreuve.

— Mais…

— Ne me pose plus de questions ! Tu me rendrais la tâche trop difficile. Contente-toi de me suivre… »

Elle laisse la direction du groupe à Iseöl, puis

m'entraîne en direction du soleil couchant. De quelle épreuve peut-il s'agir ? J'ai peur... Grande-Mère reste silencieuse. Elle fend les vagues avec détermination et souplesse. Au détour d'un récif, elle ralentit sa nage et s'immobilise.

« Les voilà, me dit-elle.

— Qui ça ?

— Les chasseurs de baleines... »

Je pointe mon nez hors de l'eau et remarque, vers le sud, un énorme bateau.

« Ils nous suivent depuis tout à l'heure, explique-t-elle. Ils essaient de nous rattraper.

— Nous rattraper ? Pourquoi ?

— Ce sont des braconniers des mers, je les connais. Ils ont des canons...

— Des braconniers ?

— Ils nous chassent malgré l'interdiction...

— Mais alors...

— Ne perdons pas de temps... Je vais faire diversion en plongeant devant eux. Pendant ce temps, tu vas rester cachée derrière ce récif. Lorsque le bateau aura disparu, tu sortiras de ta cachette et tu émettras notre chant de ralliement. Briséis et les autres viendront te chercher.

— Mais toi ? Je ne veux pas te laisser…

— Cette ruse ne marchera que si tu m'écoutes. Je pourrai peut-être les distancer toute seule, mais pas avec toi… »

Grande-Mère ne s'attarde pas. Elle contourne le récif et rejoint le bateau pour faire diversion. Je la vois disparaître à l'horizon, poursuivie par les braconniers.

Elle va les semer, me dis-je.

Il y a bien longtemps que je n'étais pas restée seule. Au moment de m'éloigner, j'aperçois une masse sombre juchée sur l'un des rochers. Je m'approche et reste pétrifiée. La chaman… là, devant moi. Je reconnais son visage, ses yeux bridés, ses rides profondes déformant ses joues. Elle est enveloppée d'une énorme peau d'ours. Ses cheveux raides tombent sur ses épaules.

« Que fais-tu là ? me demande-t-elle.

— C'est à cause du baleinier… Il nous a repérées… Grande-Mère est partie pour faire diversion.

— Ah !… »

Elle agite ses amulettes et commence à entonner un chant funèbre. Je lance :

« Pourquoi ce chant ?

— Parce qu'on n'échappe pas à ce genre de prédateurs. Ils ont un cœur en acier qui ne s'arrête jamais. Ils poursuivent les baleines jusqu'à la fin.

— Jusqu'à la fin ?

— Bien sûr, c'est facile pour eux. C'est pour cette raison qu'il y a toujours une baleine qui se sacrifie. Pour sauver les autres… »

Mon sang se glace.

« Ça veut dire que…

— Grande-Mère vient de te sauver la vie.

— Mais elle !… »

La chaman hoche la tête.

« Elle s'est sacrifiée… »

Je me retourne et jette un regard sur l'horizon. La silhouette du bateau a disparu. Il ne reste plus qu'un long sillage d'écume. Je respire un grand coup et plonge dans l'océan.

« Reviens ! crie-t-elle. Reviens, ça ne sert à rien… »

chapitre 23

J'ignore où je vais, mais il me faut avancer, avancer jusqu'à l'épuisement. Avancer pour échapper à cette vie qui me fait mal… qui me sépare des êtres que j'aime à mesure que j'avance…

Où est Grande-Mère ? Pourquoi a-t-il fallu que ce bateau surgisse sur notre chemin ? J'essaie de visualiser ce qui se passe… Je vois les hommes braquer leurs canons, Grande-Mère plonger pour échapper à leurs tirs. Ils vont la harponner… lui enfoncer leur énorme clou dans la tête. Elle va se débattre, crier en envoyant des sifflements stridents que le groupe entendra. Alors, nous saurons tous que Grande-Mère a rendu l'âme, là-bas. Seule… au milieu des hommes.

Une tristesse immense m'envahit. Je n'ai pas le cœur à entonner le chant de ralliement. Je veux rester seule… partir loin.

Voilà la fatigue. Pas une fatigue comme les autres… une terrible lassitude. L'envie de tout laisser tomber… Je vois tournoyer dans le ciel mes figurines fétiches… Crialéis en tête. Toutes sont là qui m'accompagnent dans ma dérive. Mes parents me manquent. Yannis me manque. Yannis… Le retrouver… Oui, c'est ça… Le retrouver dans les étoiles !

« Ohé ! Ohé ! » crie soudain une voix.

Je me retourne et j'aperçois la silhouette d'un splendide dauphin, rieur et beau.

« Ohé ! Je te reconnais ! dit-il. C'est toi la baleine qui a assisté à mon naufrage. Tu te souviens ?

— Quel naufrage ?

— Le naufrage de mon voilier… pendant la tempête. Tu m'as même dit que la vie avait d'autres projets pour moi ! »

Les souvenirs se brouillent dans ma tête, mais peu à peu resurgissent les images de cet homme se transformant en dauphin.

« Oui, je me rappelle…

— Tu avais raison… la vie a d'autres projets pour moi. Sais-tu lesquels ?

— Non…

— Je soigne les hommes… Ils viennent de toute la Terre pour me voir ! Ils plongent à mes côtés, me touchent, me parlent… Tu n'as pas entendu parler de moi ?

— Non… je ne savais pas…

— Viens me voir un jour, si tu veux… Je me suis installé au large d'un petit port, à cinquante kilomètres au nord de New York. Je serai content de te voir… N'hésite pas ! À bientôt ! »

Le dauphin fait une pirouette dans les airs et s'éloigne vers la côte.

Comme tout semble facile pour les autres, me dis-je. Comment peut-on cicatriser aussi vite ? Cet homme, par exemple, avait bien une famille, des êtres qui l'ont aimé…

Les courants m'emportent. J'ai l'impression que je fais la planche et je trouve que ce n'est pas si mal. Voguer à l'aveuglette… se laisser dériver. Se laisser aller, jusqu'à ce que les yeux se ferment à tout jamais…

chapitre 24

Le ciel est recouvert de nuages. Voilà longtemps que je n'ai pas ressenti une telle immobilité : un repos total.

Ne plus bouger… Pas une vague pour bercer mon énorme corps, pas un courant contre lequel il faille lutter. Combien de temps ai-je dormi ? Une heure, un jour, une semaine peut-être ? Qui pourrait me le dire ?

Je sens parfois la fraîcheur de l'eau tapoter ma queue. Ça ne dure pas. Ça revient…

Mon père me parle. Ma mère est à mes côtés. C'est ça, le paradis ?

Alors ce n'est pas vrai… il n'y a pas de crevettes. Tout est statique…

Il fait chaud, trop chaud. J'ai du mal à respirer.

« Tenez-la bien ! dit mon père. Arrosez-la... sinon elle va se déshydrater.

— Que donnent ses battements ? » demande ma mère.

Mes parents... Ensemble, à mes côtés. Encore une de ces visualisations en plongée...

« Son cœur est faible, mais elle peut encore s'en tirer.

— Il faut qu'on se dépêche, elle est en train d'étouffer sous son poids.

— Alors ! Il arrive, cet engin ? crie ma mère.

— Il arrive, madame ! »

Maman s'approche et pose sa main sur ma peau rugueuse.

« Ne t'inquiète pas, murmure-t-elle. Nous allons te sauver. »

Elle se penche et fixe mon œil, longuement, très longuement. Exactement comme j'avais procédé sur la plage d'Halifax avec la petite baleine échouée.

« Que fais-tu ? » intervient papa.

Il comprend et s'arrête net.

Un énorme bruit de moteur résonne soudain

sur la plage. Je sens que je m'élève. L'engin me pousse délicatement dans les premières vagues. Je peux à nouveau respirer.

« Ça marche ! Ça marche ! » crie ma mère.

Mon père la soulève dans ses bras. Ils sont heureux comme des enfants.

« On a gagné, Violaine ! »

Alors... je ne rêve pas ! Mes parents ont appris qu'une baleine s'était échouée. Ils sont partis l'un d'Halifax, l'autre de Québec... et se sont retrouvés.

« Maman ! C'est moi ! Anouk ! Je t'en supplie... Écoute-moi ! »

Elle a les larmes aux yeux... des larmes de bonheur.

Papa tournoie avec elle sur la plage.

« Papa ! Je ne suis pas morte ! Je suis là ! »

Ils ne m'entendent pas. Peut-être perçoivent-ils des signaux dans leur cœur, car ils s'arrêtent tout d'un coup de danser. Ils me regardent flotter à une centaine de mètres du rivage. Ils sourient et s'embrassent. À présent, je le sais : la blessure s'est refermée.

Les vagues me poussent vers eux, mais j'ai la force de me retirer.

L'océan m'appelle.

Je reviens vers vous, Briséis, Oxian, Iseöl, Trésyon, Orlane… Nous allons chanter ensemble le bonheur d'être baleines, chanter en mémoire de Grande-Mère.

Je me prépare à émettre les premières notes du chant de ralliement lorsque surgit une horde de requins. Curieusement, je n'infléchis pas ma nage. J'avance à leur rencontre. D'où vient cette sérénité ? Peut-être le sentiment d'avoir déjà traversé la mort…

Les prédateurs approchent, frôlent mon corps. L'un d'entre eux me provoque en simulant une attaque. Au dernier moment, il se contorsionne et fait demi-tour. Je souris. D'autres me croisent. Je nage parmi eux sans ressentir la moindre peur. Je me sens habitée d'une force que rien ne peut ébranler.

Les requins s'éloignent. Je laisse alors émaner de mon corps le chant de ralliement. Briséis, Oxian, Iseöl, Trésyon, Orlane… tous accourent. Je crie :

« Grande-Mère… Où est Grande-Mère ? »

Nul ne répond. Je parcours des yeux l'horizon. Aucune trace du grand panache blanc qui couronnait sa tête. Chacun arque son corps et plonge dans l'océan.

Je jette un regard vers la côte où j'ai laissé mes parents. Libre… je me sens libre.

Je gonfle mes poumons et décide de rejoindre mes amis. La nuit m'enveloppe. Je revois mon père et ma mère s'embrasser…

Cinquante mètres. L'oxygène commence à manquer. Tout mon corps se met à trembler… Les premières suffocations. Mes poumons se sont vidés de tout l'air qu'ils contenaient… Ne pas résister…

Plus profond… toujours plus profond…

Je respire… sans puiser dans mes réserves d'oxygène… je me mets à capter autre chose… une énergie étrange… subtile.

Mes tremblements ont cessé. Des pulsations ont pris le relais, comme si mon corps tout entier vibrait avec mon cœur.

La nuit se peuple de lumières !... Des flammes jaunes et bleutées suspendues dans le silence.

Je m'immobilise. Les lueurs sont plus proches, à présent… Dans leur clarté, des ombres se profilent : Briséis, Oxian, Iseöl, Trésyon, Orlane !... Ce sont eux ! Chacun émet une aura de couleur… balises de lumière dans les profondeurs de la mer.

Soudain… un brasier.

« Viens… Approche-toi », me souffle cet étrange soleil.

D'un léger coup de queue, je pénètre dans l'aura. En son centre, un être m'attend…

« Grande-Mère !

— Tu n'es pas restée avec les humains ? me demande-t-elle.

— Non, Grande-Mère…

— Quel sera ton nom de baleine ? »

Je ferme les yeux et visualise une silhouette qui m'adresse un signe. C'est Yannis ! Il me tend la main. Mon cœur s'enflamme comme une étoile.

« Ce sera Crialéis, Grande-Mère. »

Elle me sourit, puis rejoint le groupe, tel un vaisseau de lumière.

Tipik

junior

1. *Le grimoire d'Arkandias*, E. Boisset
2. *Arkandias contre-attaque*, E. Boisset
3. *Le sarcophage d'outretemps*, E. Boisset
4. *Sortilège au Museum*, P. Delerm
5. *Meurtre à Honfleur*, M. Delerm
6. *Le signe de Saturne*, J.-Y. Loude
7. *Sacré scarabée sacré*, F. Jay d'Albon
8. *Témoins sur vidéo*, B. Aubert & G. Cavali
9. *À plein tube*, F. Librini
10. *Nicostratos*, E. Boisset
11. *Le manoir d'Orleur*, D. Convard
12. *Indiana Jules*, C. Laborde
13. *Tom chewing-gum*, O. Ka
14. *L'inconnu du 13 octobre*, F. Librini
15. *La nuit de Maï Ahn Li*, J.-L. Estèbe
16. *La cavalière de l'autre rive*, M. Amaury
17. *Pris au piège*, F. Arcis
18. *Le vol du nez*, J.-Y. Loude
19. *Les trois crimes d'Anubis*, D. Convard
20. *Dix petits blacks*, D. Convard
21. *Meurtre à Noirmoutier*, M. Delerm
22. *La fiancée du Nil*, C. Jacq
23. *Le chant sacré des baleines*, E. Simard
24. *Le secret d'Akhénaton*, F. Jay d'Albon
25. *Le maître des éléphants*, R. Guillot

Collection animée par Jack Chaboud

20, rue Berbier-du-Mets
75013 Paris
www.magnard.fr

Loi n° 49-956 du 16-07-1949 sur les publications destinées à la jeunesse.

Conception de couverture : Lonsdale
Photogravure : Dawant Fossard

N° d'éditeur : 2004/303 – Dépôt légal : juillet 2004
Achevé d'imprimer en juillet 2004 par SYL - Barcelone (Espagne)